陳布雷從政日記

（1935）

The Official Diaries of Chen Pu-lei, 1935

民國日記｜總序

呂芳上

民國歷史文化學社社長

　　人是歷史的主體，人性是歷史的內涵。「人事有代謝，往來成古今」（孟浩然），瞭解活生生的「人」，才較能掌握歷史的真相；愈是貼近「人性」的思考，才愈能體會歷史的本質。近代歷史的特色之一是資料閎富而駁雜，由當事人主導、製作而形成的資料，以自傳、回憶錄、口述訪問及日記最為重要，其中日記的完成最即時，描述較能顯現內在的幽微，最受史家重視。

　　日記本是個人記述每天所見聞、所感思、所作為有選擇的紀錄，雖不必能反映史事整體或各個部分的所有細節，但可以掌握史實發展的一定脈絡。尤其個人日記一方面透露個人單獨親歷之事，補足歷史原貌的闕漏；一方面個人隨時勢變化呈現出不同的心路歷程，對同一史事發為不同的看法和感受，往往會豐富了歷史內容。

　　中國從宋代以後，開始有更多的讀書人有寫日記的習慣，到近代更是蔚然成風，於是利用日記史料作歷史

研究成了近代史學的一大特色。本來不同的史料，各有不同的性質，日記記述形式不一，有的像流水帳，有的生動引人。日記的共同主要特質是自我（self）與私密（privacy），史家是史事的「局外人」，不只注意史實的追尋，更有興趣瞭解歷史如何被體驗和講述，這時對「局內人」所思、所行的掌握和體會，日記便成了十分關鍵的材料。傾聽歷史的聲音，重要的是能聽到「原音」，而非「變音」，日記應屬原音，故價值高。1970 年代，在後現代理論影響下，檢驗史料的潛在偏見，成為時尚。論者以為即使親筆日記、函札，亦不必全屬真實。實者，日記記錄可能有偏差，一來自時代政治與社會的制約和氛圍，有清一代文網太密，使讀書人有口難言，或心中自我約束太過。顏李學派李塨死前日記每月後書寫「小心翼翼，俱以終始」八字，心所謂為危，這樣的日記記錄，難暢所欲言，可以想見。二來自人性的弱點，除了「記主」可能自我「美化拔高」之外，主觀、偏私、急功好利、現實等，有意無心的記述或失實、或迴避，例如「胡適日記」於關鍵時刻，不無避實就虛，語焉不詳之處；「閻錫山日記」滿口禮義道德，使用價值略幾近於零，難免令人失望。三來自旁人過度用心的整理、剪裁、甚至「消音」，如「陳誠日記」、「胡宗南日記」，均不免有斧鑿痕跡，不論立意多麼良善，都會是史學研究上難以彌補的損失。史料之於歷史研究，一如「盡信書不如無書」的話語，對證、勘比是個基本功。或謂使用材料多方查證，有如老吏斷獄、

法官斷案，取證求其多，追根究柢求其細，庶幾還原案貌，以證據下法理註腳，盡力讓歷史真相水落可石出。是故不同史料對同一史事，記述會有異同，同者互證，異者互勘，於是能逼近史實。而勘比、互證之中，以日記比證日記，或以他人日記，證人物所思所行，亦不失為一良法。

從日記的內容、特質看，研究日記的學者鄒振環，曾將日記概分為記事備忘、工作、學術考據、宗教人生、游歷探險、使行、志感抒情、文藝、戰難、科學、家庭婦女、學生、囚亡、外人在華日記等十四種。事實上，多半的日記是複合型的，柳貽徵說：「國史有日歷，私家有日記，一也。日歷詳一國之事，舉其大而略其細；日記則洪纖必包，無定格，而一身、一家、一地、一國之真史具焉，讀之視日歷有味，且有補於史學。」近代人物如胡適、吳宓、顧頡剛的大部頭日記，大約可被歸為「學人日記」，余英時翻讀《顧頡剛日記》後說，藉日記以窺測顧的內心世界，發現其事業心竟在求知慾上，1930 年代後，顧更接近的是流轉於學、政、商三界的「社會活動家」，在謹厚恂恂君子後邊，還擁有激盪以至浪漫的情感世界。於是活生生多面向的人，因此呈現出來，日記的作用可見。

晚清民國，相對於昔時，是日記留存、出版較多的時期，這可能與識字率提升、媒體、出版事業發達相關。過去日記的面世，撰著人多半是時代舞台上的要角，他們

的言行、舉動，動見觀瞻，當然不容小覷。但，相對的芸芸眾生，識字或不識字的「小人物」們，在正史中往往是無名英雄，甚至於是「失蹤者」，他們如何參與近代國家的構建，如何共同締造新社會，不應該被埋沒、被忽略。近代中國中西交會、內外戰事頻仍，傳統走向現代，社會矛盾叢生，如何豐富歷史內涵，需要傾聽社會各階層的「原聲」來補足，更寬闊的歷史視野，需要眾人的紀錄來拓展。開放檔案，公布公家、私人資料，這是近代史學界的迫切期待，也是「民國歷史文化學社」大力倡議出版日記叢書的緣由。

導言

劉維開

國立政治大學歷史學系教授

一

陳布雷（1890年11月15日－1948年11月13日），浙江慈谿人，原名訓恩，字彥及，筆名布雷、畏壘。早年為記者，之後從政，歷任國民政府軍事委員會侍從室第二處主任、國防最高委員會副秘書長、中國國民黨中央政治委員會秘書長等職，是蔣中正在大陸時期最倚重的幕僚，信任之專，難有相比者。從政日記，開始於1935年3月1日，終止於1948年11月11日逝世前夕，前後十三年又八個月。事實上，在此之前亦有日記，1935年10月12日，陳氏曾「整理舊篋，得民國十一年之舊日記三冊，重讀一過，頗多可回味之處。」然這部份的日記至今並未得見，僅能於其《回憶錄》了解一二。

二

關於《陳布雷從政日記》的流傳經過，陳氏八弟陳叔同應《傳記文學》社長劉紹唐之邀，撰〈關於陳布雷

日記及其他〉（《傳記文學》第55卷第5期，1989年11月）一文說明。根據陳叔同的記述，陳布雷逝世後，家屬曾將其於1936年及1940年所撰寫之《回憶錄》，即出生至五十歲止之求學與工作經歷，以原始親筆墨蹟於1949年初出版。「不久時局危殆，政府各機關紛紛撤離大陸，正當上海行將淪陷之際，又匆匆將布雷先生自民國二十四年一月起至三十七年十一月十二日其逝世前夕止的親筆日記，全部以拍照縮製卅五米厘微膠卷，裝置小盒，由大陸帶出，分藏於美、臺各家人手中；而日記原稿數十冊，仍留置上海無法運走。」「日記原稿，為毛筆字書寫之十行紙簿本，整十三年之日記，多達數十冊，約五百七十萬字。經製作微膠卷，重僅三百公克，雖當時製作微膠卷技術，遠不如今日，但能安全攜出布雷先生日記於自由地區，實為一大幸事。」日記膠卷攜出後，陳氏家屬一直未作任何處理，至1961年間，臺北方面家屬考慮日記閱讀方便，並能妥善保存，認為似宜設法排印，乃先將每一膠片沖印為5乘7英吋照片，達可直接目視閱讀之程度，以利排版，復由陳布雷六弟陳訓悆於《香港時報》社長任內，在香港排印三十部，每部五冊。

　　陳布雷日記之排印本，起自1935年3月1日。先是陳氏於1934年5月受蔣中正延攬，任軍事委員會委員長南昌行營設計委員會主任。1935年2月，蔣氏修改侍從室組織，分設一、二兩處，以陳氏為侍從室第二處主任兼第五組組長。3月1日，軍事委員會委員長武昌行營成立，陳

氏參加成立典禮，並於是日起始為日記，謂：「自三月起
始為日記，自是日日為之，未嘗中輟焉」。日記結束於
1948年11月11日，為逝世前二日，時任中國國民黨中央
政治委員會秘書長。因日記所涉時間，為陳氏從事政務階
段，家屬乃將其題名為「陳布雷先生從政日記」。復以
「布雷先生從事黨政工作數十年，雖無顯赫官位，但大部
時間，均為輔佐決策當局，暨任總裁文字之役，其內容多
涉當時決策及中樞官員，我家人亦深知布雷先生日記之發
表殊非所宜」（陳叔同文），因此於題名加「稿樣」兩
字，為「陳布雷先生從政日記稿樣」，表示僅為樣書並非
正式出版品，由居住在大陸以外地區之家屬各自保存，作
為紀念。2016年1月，美國史丹福大學胡佛檔案館宣布由
陳布雷侄兒陳迪捐贈的陳布雷日記將完整對外公開。陳迪
為陳訓悆長子，因陳布雷日記原件目前藏在南京的中國第
二歷史檔案館，該日記應為當年排印《陳布雷先生從政日
記稿樣》之依據。

三

　　《陳布雷先生從政日記稿樣》完成後，並未對外界
透露，僅由陳訓悆檢送一套呈報蔣中正鑒核。至1988年
2月，南京中國第二歷史檔案館出版的《民國檔案》刊登
〈陳布雷日記選－1936年1月－2月〉，首度揭露陳布雷
有日記存世。次（1989）年底，臺北《傳記文學》轉載

〈陳布雷日記選－1936 年1 月－2 月〉，同時發表前述陳
叔同撰寫之〈關於陳布雷日記及其他〉一文，外界始知除
日記外，尚有日記排印本由家屬保管。

對於《民國檔案》及《傳記文學》刊登陳氏日記一
事，陳叔同於該文中表示「時至今日，此一四十年前涉及
政務黨務之私人日記，早因時移世遷，當事人十九亡故，
再無密而不宣之必要」，但為避免日記出現刪節或斷章取
義等問題，「亟願布雷先生日記持有人，能儘早主動予以
公開發表，以減少其被竄改與造謠欺世之機會」。《傳記
文學》社長劉紹唐亦於該文文末「編者按」中，表示：
「本刊正試洽此一日記稿本交由本刊連載之可能性」，然
似乎未有結果。2002 年9 月，陳氏長孫陳師孟出任總統府
秘書長後，將《陳布雷先生從政日記稿樣》全套五冊捐贈
國史館典藏，並同意提供研究者參閱。此後，陳布雷日
記排印本正式對外公開，研究者得以參閱，撰寫相關主
題。其中東海大學歷史研究所沈建億在呂芳上教授指導
下，完成碩士論文《蔣介石的幕僚長：陳布雷與民國政治
（1927-1948）》，為日記公開後，第一篇以陳布雷為主
題進行研究之學術論文，內容嚴謹，頗受外界好評。

留置在上海之陳布雷日記原稿，據復旦大學歷史文
獻學博士鞠北平在其學位論文《陳布雷文獻資料研究——
從議政到從政》中敘述，文化大革命時被抄家抄走，後來
輾轉流傳到了上海市檔案館。文化大革命結束後，上海市
檔案館將日記歸還家屬，家屬復將日記原件捐獻南京中

國第二歷史檔案館。該館於1988年在《民國檔案》第一期上，選刊1936年1至2月日記的內容，之後未再繼續，原件迄今未對外公開。目前大陸方面有兩個日記版本曾經為研究者運用。一是由陳布雷二子陳過保存之《畏壘室日記》影印件，該件據《陳布雷大傳》作者王泰棟轉述陳過說明，乃因日記原稿委託中國歷史第二檔案館保管，該館依例複印三套給家屬，此為其中一套，共二十九本，自1935年2月至1948年11月11日，缺1941年上半年一本。王泰棟撰寫《陳布雷大傳》、《陳布雷日記解讀──找尋真實的陳布雷》及寧波大學戴光中撰〈從陳布雷日記看其晚年心態〉等，乃依照此版本。一是上海市檔案館之抄寫本，該館將日記原稿歸還陳布雷家屬時，曾經留下了複印本，爾後由複印本衍生出抄寫本。鞠北平撰寫博士論文時所參考陳氏日記，即是其導師、上海市檔案館研究館員馮紹霆提供的抄寫本。抄寫本的內容從1935年3月1日到1948年6月30日，缺少最後四個半月。

四

　　日記是研究歷史人物的重要素材，不僅可以研究傳主一生經歷與思想，同時也可以研究與其相關人物之生平與思想。陳布雷日記每日以敘事性方式記錄，自起床至就寢，整日的工作情況，時間、地點、人物相當明確，內容包括處理公務、會客、出訪、談話等，簡要翔實，1935

年、1936年日記並有摘錄各方呈送報告內容，實際上就
是他的工作日誌。1935年，陳氏曾隨蔣氏至四川、貴
州、雲南等地巡視，對於地方政情及風俗民情多有記錄，
可作為抗戰前中央對於西南地區理解之參考。

　　陳氏亦於日記中記錄其自我檢討或對人事之個人意
見，為理解其心態之重要參考。如1935年7月27日，陳
氏以長篇文字反省其短處，列出八項缺點，以及四項「急
救之道」與應學習對象，曰：「今晨澈底自省余之短處，
不一而足，憤世太深而不能逃世，此一病也。自待甚高，
而自修不足，此二病也。既否定自身之能力，而求全好勝
名心未除此三病也。憤激之餘，流於冷漠，對人對己均提
不起熱情，甚至事務頹弛，酬應都廢，而託於淡泊以自解
此四病也。對舊友新交，親疏冷暖，往往過當，有時興酣
耳熱，則作交淺言深之箴規，無益於人，徒滋背憎此五病
也。對於後進祇知獎掖，不知訓練，又不知保持分際之重
要，對於部屬，祇知涉以情感，不知繩以紀律，此六病
也。對於公務，不知迅速處理，又不能適當支配，遲迴審
顧，遂多擱置，此七病也。手頭事務不能隨到輒了，而心
頭時常牽憶不已，徒擾神思，益減興趣，此八病也。受病
已深，袪之不易。但既不能逃世長往，則悠悠忽忽，如何
其可。急救之道宜從簡易入手。一、戒遲眠；二、戒多
言；三、勿求全；四、勿擱置太久。（五日一檢查）其在
積極方面：安詳豁達，宜學幾分大哥之長處；熱情周至，
宜學幾分四弟之長處；處事有條理宜學幾分黎叔之長處；

交友處世，不脫不黏，宜學幾分佛海之長處；循此行之，
庶寡尤悔乎。」在1935年11月中國國民黨五全大會之
後，陳氏深感體力心力交疲，兼以黨政機構改組以後，人
事接洽，甚感紛紜，乃向蔣氏請准病假一月，杭州養病。
在此期間，陳氏對於自身精神狀況多有檢討，如12月20
日記道：「自念數年來所更歷之事，對余之志趣無一脗
合、表面上雖強自支持，而實際無一事發於自己之志願。
牽於情感，俯仰因人。既不能逃世長往，又不能自伸己
意。至于體認事理，則不肯含胡，對於責任又過分重視。
體弱志強心羸力絀。積種種矛盾痛苦之煎迫，自民十六年
至今，煩紆抑鬱，無日而舒，瀕於狂者屢矣。每念人生唯
狂易之疾為最不幸，故常於疾發之際，強自克制，俾心性
得以調和。亦賴友朋相諒，遇繁憂錯亂之時，往往許以休
息，然內心痛苦，則與日俱深。頗思就所經歷摹寫心理變
遷之階段，詳其曲折，敘其因由，名曰『將狂』，作雜感
式之紀述，或亦足供研究心理變態者之參考也。」

　　陳布雷交遊甚廣，在日記中留下了大量的交往記
錄，大體而言，可以分為幾個部分：家人、早年就讀浙江
高等學校的同學、任教寧波效實中學之同事、新聞圈友
人、侍從室同僚、中央及地方黨政人士等，其中尤以最後
兩部分在日記所佔分量最多，有時亦會記下對人的品評或
個人感想，頗具參考價值。如1936年10月26日，聞湖北
省政府主席楊永泰於前一日在漢口碼頭遇刺身亡，記道：
「暢卿為人自負太高，言論行動易開罪於人，一般對之毀

譽不一，然其負責之勇，任事之勤，求之近日從政人員中亦不可多得。竟死非命，至足惜也。」陳氏與楊永泰共事頗久，此段評論，當為近身觀察所得，可為理解楊氏行事之參考。再如1936年12月7日，陳氏閱報知黃郛因肝癌病逝，記道：「黃氏智慮周敏，富於肆應之才，然兩次當外交之衝，均蒙惡名以去，病中鬱鬱，聞頗不能自解，竟以隕身，亦時代之犧牲者。」此段記述對於理解黃郛，乃至黃氏與蔣中正關係之變化，提供了若干訊息。

另一方面，陳氏作為蔣中正之重要幕僚，除代擬文稿、參與會議外，日常與蔣氏接觸頻繁，亦常奉指示，就重要決策徵詢黨政相關人士意見，這些過程往往記錄於日記，提供理解蔣氏之側面資料。如1936年5月，陳氏隨侍蔣氏自廬山返京，於九江搭艦至蕪湖，途中與蔣氏作三十分鐘之談話，詳述其對於國事之觀察及自身心理煩悶之由來，蔣氏勸其注意身體，以和而不同為立身之準則，記道：「委員長謂：種種消極悲觀，多由身體衰弱而起，宜節勞攝生，對人對事則仍須保持獨立之見解，以和而不同為立身之準則可耳。」（5月4日）是年9月，成都事件、北海事件相繼發生，中、日兩國緊張情勢升高，蔣氏時在廣州，各方催促其返回南京之電報不斷，陳氏於23日記道：「行政院各部會長昨聯電促委員長歸京，今日孔副院長亦來電請歸京主持，均奉批『閱』字，但對余言：此間事畢，則歸京耳。」復記：「晚餐畢，委員長來侍從室，命予同往散步。旋同至官邸，侍談甚久。見委員長從容鎮

定，對國內政治等仍從容處理。略談外交形勢，亦不如京
中諸人之憂急無措，但微窺其意，當亦以大計無可諮商為
苦。」再如1948年4月，中國國民黨六屆臨時中全會堅持
欲推蔣中正為行憲第一任總統候選人，與蔣氏原意不合，
6日晚，蔣氏與陳談話一小時餘，談話內容如何，不得而
知，但陳氏於次（7）日日記記錄對蔣談話之感想，曰：
「追繹委座昨日之談話，知其對中樞散漫情形甚關懷念，
然積習相沿，遺因已久，蓋在第四次代表大會時始矣。今
日欲圖補救，確非重振綱紀不可。此決非另起爐灶之謂，
實應痛下決心，由中樞諸人衷心懺悔，改革制度，改革作
風，刷新人事，多用少壯幹部。而任用幹部，則以公誠與
能力為第一標準，如此一新耳目，庶克有濟。今日領袖不
能再客氣姑息，黨員不能再諉過塞責了事，非一新耳目，
不足以使本黨存在，以號召國人。然環顧黨中能自反自訟
者寥若晨星，新幹部亦未作適當之培養，念之殊為憂心悄
悄也。」4月12日，蔣氏主持總理紀念週講話，內容關係
黨紀黨德及對部分國大代表主張修憲之意見，次日《中央
日報》僅有六行的篇幅報導。陳氏則於日記記錄蔣講話重
點：「注重黨德，遵守黨紀，決不可以私害公，亦不可對
外自損黨的信譽。現值非常時期，應知國恥重疊，國難嚴
重，切不可議論紛紜，使大會曠日持久，遷延時日。要知
拖延大會日期，使吾人不能專心努力於戡亂，正為共產黨
所求之不得者。至於憲法未始不可修改，然此次以不修改
為宜，即或顧及戡亂時期之臨時需要，亦應以其他方法求

變通之道。關於擴大國民大會職權及設置常設委員會，萬不可行。至戡亂完畢時，自可召集第二次大會。」對於探討蔣氏之心態，具有相當參考價值。

陳氏於1948年11月13日去世，1948年為其最後一年日記，而該年亦是中華民國實施憲政的第一年。行憲伊始，對於政府而言，各種問題，紛至沓來，陳氏周旋其間，精神負擔沉重，對黨內諸多現象，憂心不已，於日記中多有反映，深感「黨內情形複雜，黨紀鬆弛，人自為謀，不相統屬」，（5月5日）藉由其日記所記，不僅可以揣度陳氏在這一年之心境轉折，亦可知除軍事之外，政府與蔣中正在政治上所面臨的困境，對於1949年大變局，能有更深一層的理解。

《陳布雷先生從政日記稿樣》自史政機構對外公開後，數十年來已廣為學者參閱，相關研究著作陸續出現。然《陳布雷先生從政日記稿樣》原意並非提供研究之用，閱讀上仍有不便。今民國歷史文化學社以該書為基礎，重予校對排印，公開出版，以期為民國史研究者提供重要參考資料。此不僅對國民政府、軍委會內部運作之研究、對蔣中正研究，以及民國史相關研究，均具重要意義。對陳布雷個人，其文字造詣深，忠勤任事，而生活淡泊，日記記事更給予後人諸多啟示。

編輯凡例

一、本套日記為原東南印務出版社編印，但最終並未
　　發行之《陳布雷先生從政日記稿樣》，自1935年
　　3月1日起，至1948年11月11日止。

二、本套日記依原東南印務出版社編印之版本，重新
　　以橫式排版，與原書排版方式不盡相同。

三、古字、罕用字、簡字、通同字，在不影響文意
　　下，改以現行字標示；原手民誤植之處則直接修
　　正，恕不一一標注。

四、部分內容為便利閱讀，特製成表格，並將中文數
　　字改為阿拉伯數字。

目　錄

民國 24 年

3 月 1 日

　　行營成立，八時半偕芷町渡江，參加典禮；在輪渡中晤康兆民君及邱開基君，十一時半渡江回漢。

　　行營組織如下：參謀長錢，秘書長楊（主任辦公室主任謝珂）。

第一處處長晏勛甫　　　　　副　劉祖舜

第二處處長熊仲韜（經略）　副　閔湘帆

第三處處長米春霖（瑞豐）　副　馬兆琦（效韓）

第四處處長吳家象（仲賢）

第五處處長甘乃光（自明）　副　周從政

第六處處長陳振先（鐸士）　副　文羣（詔雲）

第七處處長楊（兼）　　　　副　黃為材（天民）

運輸處處長林湘（君慎）　　副　鄧星翼（舊銅元局）

軍法處處長陳恩普（志濠）　副　趙鴻翥

政訓處處長賀衷寒（君山）　副　葉維（水上公安局舊址）

秘書長袁守謙（企止）

陸軍整理處處長陳誠（辭修）（地址南湖）

軍醫處處長劉瑞恆　　　　　副　盧致德

交通處處長周永平　　　　　副　莊達

　　午後訪宋部長，夜八時往國貨銀行晤孔部長，適陳辭修君在座，談至十時半歸寓。

3月2日

八時赴中央銀行，謁委座，晤丁在君。

十時赴王家墩機場送行，十時半起飛，即回寓。

午應王迴波君之招，午餐于一江春。

午後發新聞稿一件，交中央社。

謝耿民君來談：機要科事及前第二組辦事手續。

陳宗熙君來見，勉以慎密服務。

校閱講稿紀錄一件。

鄂教廳長程穉秋君來談，約一小時別去。

夜應農民銀行約晚餐，晤尹徵堯君（志陶），前在浙任臨安、富陽等縣長多年，今棄政就商，任漢口農民銀行分行經理。七時應中央分社（交通路後成里）、武漢日報社（江漢路四八六）之約，晚餐于冠生園，晤漢市黨部書記長葛克信、武漢日報記者徐振明及中央分社記者李堯卿等人；武漢日報編輯主任虞南聲君，以周鯁生君文要點相告，並詢可登載否，予囑以星期論壇，應使讀者知與社論有別，方免誤會。馮有真君（抱一），今日西行，通信由教廳楊廳長全宇轉。

3月3日

午前八時，丁在君來訪，託兩事：（一）為中央博物院撥地事，擬請遺族學校放棄新購之地，並請市府增撥迆北地二十餘畝，以足百畝之數。（二）請准翁詠霓君脫離焦作事，並言有孫越崎者，可代其事，孫君任穆稜煤礦

總工程師多年，現任中福工務處，學識經驗均豐富云。又談地質調查所，最好改隸於政院設委員會，以丁、朱、翁等任委員云。

應蔡孟堅，午餐于冠生園。

午後羅貢華君來談，即將委座在牯嶺交下關於庚款之件，面交羅君研究。蔣志澄君來訪。

尹徵堯君來訪，談良久而去。

為研究組租定三北公司二樓及四樓，月租一九〇元，電燈等在內，以二樓為辦公室，四樓為臥室。即由秋陽前往定實，並囑南昌職員移來。

往銀行工會與研究組，徐、傅、何等秘書談話。

張真夫、袁守謙、李煥之來談。

閱九月份備忘錄初稿。

夜暢卿先生來談，彼明日動身，由汽車赴宜昌。

十一時半就寢。

3 月 4 日

準備研究組各事。

複閱備忘錄。

王迴波君來訪，談東北外交研究會之組織，並述願與研究組發生連絡，通訊處為北平東北大學。

朱葆儒、徐學禹、謝耿民三君來訪，交來登記科清冊一份，設委會舊職員葉季槐來見。

洪蘭友、聞亦有、沈君匋、葉實之四同志自南京來。

張子羽自安慶來，介紹郭仲和君來訪（郭君任川湘鄂邊區剿匪總司令部交際處長）。

六時應范壽康、吳仲奇（岐）兩君約，赴吟雪樓晚餐，同座者王撫五、周鯁生、皮皓白、陶因（字環中，安徽舒城人，武大教授，長于經濟）張有桐（字百高，武大教授兼秘書，萍鄉人）諸君。

夜子羽復來詳談。

蕭鍊心又託歐陽九淵帶下一函，並附兩件備轉呈，即作一函覆之。

十二時就寢。

3月5日

訂定第五組辦事細則。

分配第五組各職員工作。

午後三時召集徐、羅、傅、何四秘書，指示工作要點。

一、準備對教育人員訓話材料（徐擔任）；

二、準備對黨員訓話材料（羅擔任）；

三、編制簡要統計，備委座查閱（傅擔任）。

以上均擬有要目面交，第三項並交組油印。

四、指示何秘書，囑留心搜集並研究白銀問題及戰時金融問題。

往三北公司二樓，視察第五組辦公處，並往太平洋訪蘭友等，值已他去，遂至江邊繞行一週而返。

段書貽君來訪，交來王部長呈委座函及短期小學課本，三民主義千字課，囑轉呈。

陸愛伯同學來訪。

3月6日

蕭君來件，交張明鎬君譯出，並校閱一過。

複閱應付白銀及入超問題說帖，並為節要。

複閱黃溯初君關於紙幣整理之意見，並為節要。

核定第五組應定購日報，開單交組辦理。

洪蘭友君來，就商廬山訓練目標及課程，經商定大概如下：

1. 中國國民黨黨史；
2. 黨的組織及其運用；
3. 本黨主義及革命方略（尤注重于與目前革命環境，及國家現勢之關係）；
4. 保甲民團之理論與方法；
5. 農村復興及合作事業；
6. 國際現勢；
7. 軍事常識；
8. 國防問題；
9. 精神講話；
10. 軍事訓練；
11. 各國革命運動及建國史略。

目標：擬定為齊一行動，鍛鍊體魄，堅定革命救國

信仰，充實領導民眾的能力，提高服務社會之精神。

謝耿民君來訪，商訂委座函件分呈辦法。

（仍囑謝君負責，選別分送，親啟件送第四組。）

午後覆彭學沛君信。

閱科學方法及委座關于大學之講演稿。

第一組介紹至處服務之副官居亦僑來見，囑暫候委。

劉子泉、魏海壽來談。

晚應湖北省黨部、漢口市黨部、平漢路黨部公宴，晤喻育之、單成儀、楊錦昱、艾毓英諸同志。

七時赴張子羽君約晚餐，晤平漢路副局長兼會計處長鄒鄭叔（安眾），鄒君新化籍，鄒代鈞（況帆）先生之公子也。

3月7日

寄呈委座函件四件：一、蕭件；二、彭說帖；三、黃溯初函三件；四、教部函及書。（送謝秘書明日託機要科人員飛機帶去。）

黃溯初君擬呈之整理鈔票初步政策如左：

甲、現況概說

上海華商銀行發鈔總數三億八千萬元，存銀行總數二億七千萬，僅足敷六成現金準備，因發生下列現象。

（一）擠兌可虞

行與行之間互築防堤，僅有自保之念，絕無統籌之方；所收他行鈔票，明日即去兌現，輾轉兌換，耗時甚多，

一遇變局,危險可想。

(二)發行競爭

　　各銀行為推廣本行鈔票,優給利益于領鈔者,使收取他行鈔票,而以本行鈔票代之,雖在村鎮之小錢莊,亦可見鈔票暗鬥之現象。

乙、本案要旨

(一)分別發行

　　仍准各銀行照舊分別發行,一面再從長計議,改善發行制度。

(二)聯合準備

　　十家以上之發行銀行,仍按前定比例準備,唯須將所有現金及保證,交與聯合準備庫,公同保管,暫設庫于上海,必要時設分庫于他埠,如未曾加入聯合準備庫之發鈔銀行,在法律上,應視為毫無準備,制止其發行。

(三)相互兌換

　　以聯合準備庫及分庫所在地為鈔票兌現區,鈔票兌現只許向兌現區內之各發鈔銀行要求之,但當甲行發生危險時,只得要求以甲行鈔票,掉換乙行鈔票,以便使用;萬一甲行停業,則聯合準備庫,應于短期內以他行鈔票,收回甲行之鈔票。

(四)國營堆棧

　　于國內米、麥、棉、茶大宗出產或聚集處,由政府設立大規模之國營農產物堆棧(附設檢驗局及打包廠等),國營堆棧之棧金,得依公定折扣,作發鈔保證準備之用。

（五）實行要點

關於聯合準備庫及國營堆棧主持人選宜注重，又政府應以明令表示其對于聯合準備庫內所保管之各項準備絕對可靠，且在法律上願負最後保證之責。

湘鄂路黨務特派員萬鈞（季陶）君來訪（漢川人，東南大學畢業，學數理），湘鄂路局長殷德暉（建秋）。

鄒鄭叔君來談約一小時去，鄒君于會計及管理極擅長，志趣亦純正，據謂平漢路去年盈餘八百萬，內節省開支達二百萬云。

張真夫兄弟偕黃季弼來訪，黃請辦護照，為致函錢慕尹參謀長，囑其直接往取。

致楊秘書長函，為該委會各委員，委用職務事。

接高宗武君來函，並附剪報三束，及一週外交報告，即與前各件合併交謝秘書轉寄毛秘書。

電毛秘書詢問侍從室人員，應否由行營辦委，因羅君強秘書電話來詢也。

沈榮山君來談（為宗海事），接德哥函，即覆一信交實之攜去。

發家書第五號。

3月8日

林赤民君偕李子寬（基鴻）君來談，李君任禁煙督察處長，督察處下設會計長一人，財部所派。總檢察一人陳希曾君，緝私主任一人邱開基君，有緝私隊約十二營，

會計長下另有副會計長一人，又督察處設有副處長，即今行營第七處副處長黃為材（字天民）君也。

王稻坪（文達）君（同鄉會會長），偕邑人袁惇謀君來談約一小時。研究組職員楊奎才，自南昌攜卷宗器物到漢，十時半來寓，即召集楊、汪（葆恩）、樊三人談話，告以本組辦事要點，並約定明日起，一律遷入新址，正式辦公，辦公時間，八時至十二時，一時半至五時半。

傅旡退君來商簡明統計表事，午後以統計材料（合作社）一份付之。

午後再閱備忘錄。

劉景琨（玉珊）君（皖省府代表）約晚餐，以小病卻之。

七時赴味腴應郭仲和文黻之約，晤鄂湘川邊區總部駐漢辦事處長陳漢存君，十軍軍需處兼四八師軍需主任倪墨薌君，倪君紹興人，恂恂有儒者氣象，子羽為言軍需界希有之正士也。座有楊岐山、鄒鄭叔諸君，與岐山談教育良久，覺其言殊爽直。

今日午後王惜寸君過談，良久而去。

夜閱報至十一時許就寢。

3月9日

午前到第五組辦公，批楊奎才簽呈一件。

指示整理雜誌，與何方理談搜集經濟材料之注意點。

十一時半回寓，接毛秘書回電。

午後新疆麥斯武德 Massud Sabri 君及艾沙君過訪，談新疆近事及就地人民對中央之渴望；麥君曾留學土京，長于醫學，富有熱情，今年五十餘歲，聞因政治主張關係，其家人被俄人所害者三、四人。此來蓋由楊耿光、賀貴嚴介紹謁蔣先生者，詎到漢而蔣先生已入川，聞昨已謁見漢卿先生，報告一切，漢卿為轉電去矣。

接王式團君自杭來函，接力子先生函，慰勸備至。

國聞週報第八期載戈公振訪問蘇聯集團農場記，紀蘇俄農業經營之方式如下：

（一）國營農場（State Farm）

俄文簡稱 Sovhoz，譯為蘇維埃經濟，係就從前荒土或大地主佔有之農地，由國家直接管理，用最新方法及機械耕種，按地之饒瘠，定出產數量大約以三之二納於政府，三之一流場自用，組織與工廠無異，可稱為出產糧食的工廠。

（二）集體農場（Collective Farm）

簡稱 Kolhoz，譯為集合經濟，分三種方式：

第一種：集合耕種，集合多人的土地同耕，收穫則各歸各有。

第二種：Aretl（勞動協社），不僅勞力合作，農具、磨坊、牲畜、收穫無不合作，唯個人住宅、菜園及少數家畜可私有。

第三種：Commume（公社），一切合作，無私人財產的保留。

　　此三種農場，按照面積，除繳納正稅外，須以收成若干照官價賣給政府，餘下的方許自由處分，若利用政府所設農業機械站，用新式方法耕種，仍須繳納報酬。

（三）個體農場（Individual Farm）

　　是不願加入何種合作組織的農人，依然保存舊有形式，以自耕自食為滿足；但此等農人要負集體化農人同等的義務，且納稅甚重，售賣剩餘產物要收所得稅，如不履行計劃，被認為消極抵抗，且要受嚴厲的處罰。

　　Rostov（蘇斯妥夫）附近有 Gigaut 國營農場，面積十八萬五千公畝。又有 Zeno 國營農場，有十一萬公畝。

　　載羅農場開闢于一九二九年，分為九個區域，工人連家屬共八千餘人，每分區的面積，大者約一六、〇〇〇公畝，常雇工人一三〇人，臨時雇用者七〇人，小者八、六〇〇公畝，常雇工人七五人，臨時的六〇人，工資每日最低三盧布半（以現在購買力言合我國三角半）。其出品麥占一半，玉米向日葵等占百分之十三，蔬菜草料占百分之九，此外還養畜牛七〇〇，羊二、八〇〇，豬九〇〇，雞一、八〇〇等為副產。其收成一九三三年每公畝可收十一公擔餘。

　　在列寧格勒城外有 Ropsha 國營農場，面積三、五〇〇畝，種蔬菜每日平均須出蔬菜一〇、〇〇〇斤以上，常雇工人約三〇〇名，三分一為女子，每年支出二五〇、〇〇〇盧布，收入約四〇〇、〇〇〇盧布。

　　七時應鄒鄭叔君之招，到其家（首善里十四號）晚餐，一時就寢。

3月10日

　　晨九時許起。

　　熊寶孫、戴人倫兩君先後來訪。

　　漢航政局局長張修枏（筠如）來訪。

　　中央分社社長李筱梅來談。鄂反省院院長黃寶實（字新渠）、鄂教育學院院長姜伯韓偕吳炳（蘊道）君（園藝教授）來訪，蘊道樸質而落拓，有農家風，不愧為庶晨之子也。

　　午後讀科學書四、五十頁。

　　傍晚偕明鎬、秋陽游中山公園，水木疏爽，殊有意致；惜堆砌假山及構築橋亭，均出劣匠之手，不免傖俗耳。

　　接慶祥來電，以侍從室人員，可由行營加委，即函君強請轉陳，明日寄去。

　　夜寫信四、五緘，審閱設計委員會舊存書目，分別可用者與不可用者標記之。

　　十二時寢。

3月11日

晨八時起

午前赴第五組，擬剪報要目三十項。與傅、羅、徐、何四秘書商工作要項，囑于三月內每人提出研究報告二件為限。又分配譯報工作如下：

英文：張彝鼎、徐慶譽

法文：何方理、徐道鄰

德文：徐道鄰、李毓九

俄文：高傳珠、李毓九

日文：傅　銳、羅貢華

各以一人為主，一人為輔。

又商定凡翻譯報紙、雜誌材料，每一星期彙送一次，緊要者隨時呈送之。

林赤民、韓立如、厲鼎立三君來訪。

午後行營總務處一科代科長戎紀五及翟榮基（黃埔二期）來訪，商銀行工會房子，仍作招待處用，並請四組熊書記移住他室。

擬剪報須知二十條，即交組油印，明日發交剪報員開始剪貼。

接大哥函及十日家書。

夜謝耿民來談。

3月12日

八時起，本日為總理逝世十周年紀念，第五組未放假。

十時許到組，十二時回。

中東路非法買賣，昨日成立，轉讓合同及議定書于昨夜八時半在廣田邸簽字。我外部為聲明書如下：

（中央社南京十一日電）關於中東路非法買賣協定之草約，今日聞將簽字，我國全國人民對於此事，極端注意，頃據外部負責人談稱，中東鐵路，係由我國供給一部分資本特許敷設於我國領域以內，民國十三年五月卅一日，我國與蘇聯簽訂之中俄協定，指明中東路為兩國共同經營之商業性質的企業，且復明白規定該路之前途，只能由中蘇兩國取決，不許第三者干涉。乃前年春間，忽聞蘇俄有提議出售中東路之消息，本部當經電令我國駐日、蘇兩國使館調查實情，迨出售消息證實，又電駐蘇使館，向蘇聯政府提示蘇聯在法律上對我方所負之義務，迭經顏大使（惠慶）向蘇聯外部嚴重交涉，蘇方終無明確表示，本部鑒於情勢緊迫，復於民國廿二年五月九日，正式發表宣言，根據中俄協定，聲名只有中、蘇兩國，得以處理中東路之前途，如有違反協定之任何行為，我方概不承認等語，乃蘇聯當局，毫不反省，且以為我方在事實上，既不能與蘇聯共管中東路，即已喪失我方所根據之中俄協定規定之權利云云。此種不顧法律事實之聲言，我方自不承認，為於同年五月十四日根據協定，歷舉法律、政治上之理由，向蘇聯正式提出嚴重之抗議，乃蘇聯政府，依然不

理，出售之議，且進行愈急，並與第三者議定，在東京會商，本部復於是年六月廿五日，再提第二次抗議，重申條約上之權利，但蘇聯政府，以售路為其既定政策，絕不因我方之反對，而停止進行，現在東路非法買賣協定，將行簽字。本部刻已電令顏大使向蘇聯政府，再提抗議，聲明蘇聯出售東路之舉，我方認為不合法而無任何之拘束力，所有中國在東路之一切權益，絕不因此種非法買賣，而受絲毫之影響，中國對中東路之一切權利，仍予保留云云。

　　湘邊剿區，李覺率部於十日克復大庸，蕭、賀殘部向桑永（桑植、永順）邊界竄走中。

　　按湘西匪禍，由來已久，自民國十七年賀龍流竄湘鄂邊境，往來出沒于桑植、大庸諸邑，去秋本已竄入貴州，適與蕭克會合（蕭去歲在黔桂之交，喪亡奇重，幾于全滅，迫入湘西，收穫陳渠珍部槍支，勢復猖獗）。遂又回竄，十一月七日陷永順，二十四日陷大庸，二十八日令趙匪成轉陷桑植，賀、蕭則自率大股直陷桃源、慈利，進迫常德，沅澧沸騰。幸其後國軍雲集，匪卒退出桃慈，最近蕭、賀企圖，將以永順、大庸、桑植、龍山四縣為困守根據地。築堡建塞，聚積糧食，議者以陳渠珍把持洪江黑貨（沅陵為貴州輸出孔道），既不交出防區，復不積極出力，認為湘西軍事，絕難順利推進。唯有令徐源泉軍，由川省之秀（山）酉（陽）東下，經龍山、永順以搗匪巢，然繞道千里，亦恐其勢太孤，今大庸既有收復之訊，則湘軍當已有相當覺悟，情勢或稍轉矣。

午後讀科學原理等書四十頁。

以第二處名義，函行營各處室，徵集備忘錄材料。

3月13日

晨八時起。十時到組，寄毓九、晶齋、彝鼎一函。
十二時返寓。

京電陳公博在首都植樹典禮演說中，有造林統計摘
錄如下：

種別	株數	面積（單位公畝）	年份
（一）總理紀念造林成績	23,958,770	538,706	十九年至廿三年
（二）實部所轄林場	13,526,771	314,618	廿一年至廿三年
（三）各省市造林	187,001,726	14,908,346	廿一年至廿三年
綜計	224,487,267 株	15,761,672 公畝	

接潘伯鷹君書，並附寄西行雜詩，筆致頗不俗；潘
別字鳧公，朝報副刊時時有其文字，今為暢卿辟為僚佐，
行營幕中多一文士矣。即作一書報之。

接暢卿來函，稱十日抵渝，寓曾家岩潘師長公館云，
即覆。

英國國防白皮書之內容（英國下院十二日所公布於
國人者）：

空軍	在一九三八年前	增四一支隊半	經費增 3,089,000 鎊	共 20,650,000 鎊
陸軍	原 149,500 人	增 2,700 人	經費增 3,950,000 鎊	共 43,500,000 鎊
海軍	造艦程序為巡艦三、領導艦一、驅逐艦八、潛艇三、潛艇供應艦一、供應艦四、測量艦一、小軍艦七	增 2,000 人	經費增 3,500,000 鎊	共 60,050,000 鎊

鮑爾溫在議院報告美軍預算增加狀況：

一九三三年	350,000,000 元
一九三五年	492,000,000 元
一九三六年	580,000,000 元

午後袁倫美君來訪，倫美、紉珠表姊之婿也。今在漢經營同孚號出口業。

洪佛先生第三子叔衍，託袁惇謀兄攜贈悲華經舍詩存四冊。

3月14日

晨八時起。接晏主任電，為編制預算，囑抄寄前奉核定之編制表及人員名冊，即抄寄（明日發）。

接委員長電，囑擬文件並促于瑉前到渝。陳辭修處長過訪，與商軍訓方針及要旨事。

教部發表最近全國各級教育統計：

一、高等教育	104 校	學生 42,710	經費 33,203,820	教職員 10,254
二、中等教育	3,026 校	學生 536,848	5,405,592	60,594
三、初等教育	255,699 校	11,684,300	93,150,186	551,202
四、社會教育	學校式 38,966 校	1,252,475	3,635,528	78,219
	一般的 39,312 處		9,805,106	53,386

全國教育經費一萬八千三百八十五萬，學校間數三十四萬，教職員七十五萬，學生一千三百五十一萬。

晚謝耿民君來訪，攜下委令十一件，即交分發。草擬學生軍訓之目的、方針、要旨、信條等，二時就寢。

3 月 15 日

晨七時起，覆委員長電，請派飛機來漢一接。

午前往洛加碑路訪陳辭修，晤王軍長以哲及陳軍長武鳴，與辭修商酌昨所擬各件，辭修認為太詳，仍攜回修改。

昨睡太遲，頭痛不適，修正昨擬各件，覺甚費力。比竣事已午後三時矣。

四時去第五組，留仁密底本通信用，並商貢華代行組事。

致中組會、中宣會及民訓會函，索寄材料（以第五組組長名義發）。

接湯爾和先生函，為裴子先生託進行故宮博物院工作。

接中央統計處寄來各省公路統計一冊。

各省公路已成幹支線合計里程：

江蘇	2,137	湖南	1,041
蒙古	3,427	浙江	1,351
綏遠	1,094	熱河	656
河南	2,516	西康	298
貴州	1,216	山西	2,060
廣東	10,612	雲南	1,280
黑龍江	1,907	廣西	3,519
新疆	1,324	京、滬、平、津、青、漢、粵（市）	1,502
河北	1,501	察哈爾	1,886
湖北	1,419	山東	4,753
安徽	2,015	江西	1,337
遼寧	2,249	福建	2,241
青海	385	吉林	2,715
陝西	1,117	寧夏	1,184
四川	2,671	甘肅	464

　　各省市合計已成公路　　六一、九四八

　　　　　建築中者　　二八、〇九二

　　　　　已勘測者　　三六、六八六

　　　　　　總計　一二六、六七七公里

夜八時就寢，十時三刻入睡。

3 月 16 日

晨七時半起。

戴人倫偕舊徒黃祖望（漢通商行長）來訪。

十時半辭修過談，將軍訓方針、要旨各件大體商妥，仍交攜回細閱。

辭修談整理處之工作情形，託代陳委員長，記之如下，以備遺忘。

1. 工作上之困難

   甲、發生密切聯繫之目的未能達到；

   乙、人事上難免友情面之牽制與顧慮；

   丙、為搜集材料，不願令部隊陳報以增煩瑣，但
       向機關索取，每不能如期取得。

2. 處內之組織

   原擬極縮小，但經商酌結果，不能不略。

   須常川管理三個以上之動態的師，事務必繁，需
   人多。且函介來者亦難堅拒，現每月經費約須五
   萬元。

3. 整理應考慮之點

   有三點似為要件：

   1、必須自身有把握，對改編後必為品質精良，而
       被編者確有保障；

   2、必須能使其他部隊發生羨慕而無不平；

   3、必須便于使用而無困難。

4. 整理之步驟標準

    1、照牯嶺所定；

    2、就師抽團；

    3、逐步指定某部實施。

   例如指定第十八軍改編為兩個教導師，兩個整理師，
如何抽選，由師負責，則新編成者性質齊一，立可作用，
而編餘改編者，亦有多數原屬同系屬之隊伍，以此為基
礎，再附其他部隊，則于使用時亦無甚困難。

　　最要者在時有一個可絕對使人明瞭，為毫無偏私之方案，正在研究中。

　　為委座起草對各省受軍訓學生之訓詞，六時卅分完畢。

　　核閱傅秘書譯稿兩篇，致錢參謀長函，請撥衛兵三、四名，守衛武昌編電股。

　　接耿民轉來委員長刪電（侍參），囑擬軍校三期軍教班同學錄序。函張文白索材料。

　　接公展、醒亞來電，聘予為全國讀書競進會圖書審定委員，囑寄蔣先生中心著作。

　　接開先函，為滬工商業救濟協會事。七時外出理髮。接第六號家書（十三日發）。發第七號家書，航平寄。黃季弼表示希望有一股長名義，以便督率職員工作。夜辭修再來訪，交來修改之「軍訓目的方針要旨信條」稿。

　　十一時卅分就寢，大雷雨。

3 月 17 日

　　晨八時起，本日覺胃痛甚不適。

　　接委座電，擬聘詠白為贛省銀行經理，囑電告詠白便接洽云云。即致詠白二函，一寄滬，一寄閩，託聖禪轉，並致天翼一函。

　　交汪衍宗將訓詞稿及軍訓方針等稿繕清，校閱後用航快寄毛秘書轉呈。大哥來函為顧葆性先生刻「內經節次」事，一併簽請核示。

　　午後宋若愚君（魯省府代表）、劉玉珊君（十一路

軍皖省府代表）同來訪。

何秘書方理送來「保加利亞徵工制度之研究」報告一篇，以其文字凌雜，用語不當處甚多，為詳加審閱刪改，並加小標題仍交還，囑其細閱後發繕，以便呈閱，以組長而兼為教師，自思亦可笑也。

午後往訪惜寸，談良久而歸。

魯主席靈櫬過漢，七時往江干奠之，由惜寸主祭，予及尹徵堯君陪祭。並同下移靈輪之中艙，就靈前行禮，魯君忠誠謹愿，不勝繁劇而至予病，病又不能退休，以至於此，孰令致之，恐地下亦難置答也。移靈輪名「安靜」，魂魄其安之。

夜魯山來談，彼明晨護靈回湘。

中央銀行經理舒志觀（字賓于，武昌人）來訪，接洽康道機事。

十一時卅分寢。

3月18日

晨八時起。

到第五組召集職員談話，指示工作要點，並與羅、傅、何三秘書接洽組務及各人工作。

十時半赴招商碼頭參加魯先生公祭，晤張主任、張主席、吳市長等。

行營第三處馬副處長（兆琦）偕戎高級副官來訪，商侍從室房舍事。

接述庭函，為接洽吳雷川師擔任金陵大學宗教學講座，每年由蔣先生暨夫人捐三千元，據謂雷川師頗贊成，希望在五月底決定其事。

買果伯君來訪，談湖北財政情形。

整理雜物，夜羅貢華君過談。

接委員長巧電，「康道機明日由滬飛漢入川，已請曾局長派人在機場，候機到通知兄搭乘來川」。岳軍先生贈止暈藥一盒 Vasano。

謝耿民君過談，為接洽支薪辦法，擬赴渝時與慶祥接洽。

俞樵峯君來訪，彼等定二十日飛渝。

發大哥函，第八號家書。

十一時寢。

3 月 19 日

晨八時起。

收拾行裝訖，待機到即飛行，直至下午六時，接中央銀行電話謂，本日天氣惡劣，滬民用機亦未來，想康道機亦不能來矣。

午後五時，囑道鄰約琪山，擬同往訪；乃承琪山過寓，面託其向漢卿主任借用飛機赴渝一次，彼即為電話致米瑞豐處長轉為請示，晚得回音，謂已承許允，唯機師未找到，機件須略整理，約明日十二時前再作回音。

閱浙江省立圖書館館刊。

　　閱國聞週報十二卷九期，內載聖倫君「福州與瑞金」
一文，述「人民政府」與共黨合作經過甚詳，有共黨方面
所宣佈之主要文件多種。

　　洋紙進口額之可驚

　　據中行經濟研究室「我國之造紙工業」所載，我國在
二十年以前，每年洋紙進口額不過六、七百萬兩，至十七
年乃增至二千萬餘兩，去年達一千九百六十令單位（合國
幣三千八百十一萬），紀其重要各埠歷年輸入額如下：

	上海	天津	大連	廣州
民國 十四年	7,548,000	3,264,000	2,027,000	1,155,000
十五年	12,625,000	3,503,000	2,950,000	2,289,000
十六年	10,337,000	4,216,000	3,115,000	1,489,000
十七年	13,070,000	3,853,000	3,189,000	1,490,000
十八年	16,674,000	3,984,000	3,891	1,635,000
十九年	18,842,000	4,764,000	4,342,000	1,808,000
二十年				
廿一年	18,240,000	4,040,000	1,300,000	2,442,000
廿二年	16,745,000			

3 月 20 日

晨八時十分起。

接四弟來函二緘，即覆。

本日氣候驟寒，傍晚下雨，兼有冰雹。

午前接琪山函謂，副司令飛機，有機件待修理，一時難以應用。

午後康道機自滬到漢，擬明日飛行。

晚作函謝張副司令，並函謝琪山。

向晚風愈緊，氣候寒甚，九時後下雪。

李生祖楨來訪，談川事甚詳，呈述願為委座效命之意，李生曾赴日本士官未畢業，後隨徐又錚入西北模範團，再由該團遣送入日本聯隊，曾在張宗昌部作事，唯于介紹徐克承來歸革命，不無奔走之勞；又曾入川，代何雪竹說劉輔忱，清辯滔滔，居然通曉國內情勢；憶其在校時，學課平平，可見人才又不僅成于教育也。

本日午前李祖基君來談，上海銀錢兩業之誤會情形及其影響于金融救濟之前途甚詳，並謂工商業救濟協會之目標在中國銀行，實際上中國銀行亦有太過分之處，吾寧幫銀錢業受損更大云。

夜十一時睡。

今日舒經理遣職員來將行李過磅，余體重一〇六磅（連棉袍袗衫）。

3月21日

晨七時起。

八時半接電話，謂宜昌有霧，須待霧散可行，十時半又接電話，則飛機師接天氣報告，謂重慶氣候劣，今日決定不飛行。

舒賓予、楊琪山先生均來訪，琪山言副司令之飛機已準備隨時可借用。

午後小睡約二小時，甚酣適。

致道鄰函寄北平，囑其研究「如何以戒嚴法代各種特別法規」及「懲治盜匪法廢止後及于內地治安及人民生命之影響」等問題，因近日「廢止特別刑法運動」之呼聲甚高，囑預為搜集材料，以備參考。

晚舒賓于招飲于黃坡路理特飯店，同席者琪山外，有熊處長、閔副處長、謝霖甫、李祖基、陳圖南（肇彰）、楊子和（大陸副經理）、浦信雅（交通經理）、彭惕安（憲，中央黔支行經理）等十餘人。

接楚傖電，即為轉電委員長。

另電委員長告行期，晚劉參謀來訪，為晏夫人飛渝事。

夜十一時寢。

3月22日

晨七時半起。

九時半偕秋陽等到機場，琪山、玉珊、祖基、傳茂

及貢華、方理、旡退等均來送行；十時起飛，十二時半過宜昌，氣候轉劣，機師恐前進有霧，遂中途折回，二時廿分仍回抵漢口。據機師言，本擬在宜昌降下暫停，以機場太小，康道機大，無法停降，故不得已折回。

本日因事前服「泛船拿」Vasano 藥片，且機行平穩，未感眩暈，秋陽亦自若；唯訓清患眩暈甚劇，在機上只能僵臥，狼狽不堪；然予雖無恙，而回漢後覺骨酸異常，上床休息約三小時始癒。

夜作第九號家書及上外舅一函，均明晨發。

傅茂來寓相訪，談良久始去。

今日始接四弟致余重慶第一函（由郵轉來）。

十二時寢。

3 月 23 日

晨六時半即起。

九時卅分偕明鎬、耿民、傅茂同赴機場，今日天氣開朗，機師遂決定起行，九時五十分起飛，葉警備司令遣歐陽副官（邠）、米瑞豐處長遣翟副官（榮基）代表到場送行，機開行後動盪較昨略甚，機師為求迅速，較昨騰高，聲響亦大，余仍因服藥未嘔吐，二時十五分，安抵重慶，劉總司令遣代表來歡迎，項組長及毓九、傅珠均來接，遂乘輿上坡，換汽車到曾家岩陶園暫憩。至是始覺頭痛頗劇，旋毛慶祥君來談，略進小食即睡，五時許起，馮有真君來訪，核講稿一篇，七時應劉甫澄總司令之約，赴沙利

文晚餐，同坐者俞樵峯次長、徐月祥（庭渝）軍長、胡春藻（庶華）校長及傅真吾、參謀長鄧漢祥（鳴階）、秘書長甘典夔、民廳長及川軍官共十五、六人。

八時回寓，知委員長今晚無暇接見，遂往訪宴旬樵君於唐公館，適賀元清約樵峯等晚餐，遂被邀入為不速之客，啖稀飯半盂。席中晤邱秉彝君（甲）及范崇實君，皆劉甫澄之代表，暢卿適亦在，彼飯罷與暢卿、旬樵約談半小時，即偕暢卿同赴其寓（潘師長公館）小坐。九時五十分歸。

十一時就睡，輾轉不成寐，二時始睡去。

3月24日

晨六時即醒，假寐一小時許而起，覺頭痛尚未癒也。

八時偕項組長同赴上清寺後范莊，見委員長報告各事，十時卅分回寓，邱秉彝君來訪。委員長交手諭二事：

1. 增進失業青年之登記機關；

2. 退伍兵士分給土地辦法及經費之籌備。

十一時川教廳長楊全宇君來訪，談四川教育情形，據謂川省共有公立大學二，公立工、農學院各一（重慶大學設文、理、農三院，四川大學設文、理、法三院，在成都。前者常年經費卅餘萬，後者常年經費六十六萬，工、農兩獨立學院均在成都，經費甚少，成績毫無。另有法專、醫專各一，藝專四所，陶業專門一，鄉村建設學院一，又私立華西大學，教會辦）。全省中學（省立五，聯

立十五，縣立一三〇）約二百四十九所，學生三萬八千餘
人；但去年會考及格之初中生，只五百九十餘人，及格之
高中生只一百五十九人，故中學大有整頓之必要。全省師
範學校五十一所，職業學校十三所，程度亦不整齊云。

午後小睡一小時起，覺頭痛甚劇，胡書記巽三（原
名臧鳳）來見。

四川晨報記者蒲仰巒、商務日報記者李約伯、大江
日報總編輯聶佛鴻來訪，派秋陽代見。

委員長二時許，飛往貴陽，予以病未及往送。

江海銀長渝經理尹子寬（德裕）君及洪吟蓉君來訪。

晚應邱秉彝君之招，赴潘公館晚餐，同坐者俞、
徐、晏、賀諸人外，並有總部秘書長張必果君、公安局長
范崇實及潘師長文華之兄昌猷，餐畢已近八時，與陳芷
町、潘伯鷹兩君略談即歸寓，遂發寒熱。

十一時寢。

3 月 25 日

晨八時半起，九時楊醫官來，量熱已退，唯頭涔涔
作痛甚劇。

第四組鄭書記鍾毓（秀民）、王書記熙（純熙）來見。

本日晏主任等赴貴陽，本約余同往，余以病未能行。

函委座告病狀，並請免赴黔，託汪秘書帶去。

閱四川教育概況一覽及楊廳長所擬整理四川教育概要。

核四組送來公文七件。

芷町、伯鷹二君來，談良久去。

接大哥、孤帆、鶴皋各一函，發第十號家書，發大哥書。

致暢卿函，錄委員長昨交手諭：關於退伍兵士分給墾地辦法及經費之籌劃，其土地在西北及贛南均可利用，經費可由軍費內撥一、二百萬，由陳處長振先計劃，熊主席、賀主任同為計議。請其分別轉知。

致陳辭修函，寄去委員長核定之廬山暑期訓練團辦法大綱一件。

今日整天在寓休息未外出。

補錄四川二十年度統計初等教育（據已報之九十五縣）及社會教育（恐不可靠）狀況如下：

一、小學校數

一九、四七九所（內含幼稚園一六四所），

學生數　　　男七六一、〇〇〇，

　　　　　　女一二一、〇〇〇，

　　　　　　合八八二、〇〇〇人。

經費數　　　歲入五、一六〇、〇〇〇圓，

　　　　　　歲出五、三〇〇、〇〇〇圓，

教職員數　　男三五、四〇〇，

　　　　　　女四、七〇〇，

　　　　　　合四〇、一〇〇人。

教職員月薪　高級最高五〇

　　　　　　最低一三，平均一七，

　　每個兒童數　平均（初）一五人──（高）二八人。

　　　　　　　　初級最高三〇，最低一二，平均一四，

　　每兒童所佔經費（初）四元──（高）廿二元。

二、社會教育（已報之六十七縣）

　　學校式的一、一一五所，

　　就學人數　男五八、一〇〇，

　　　　　　　女八、一〇〇，

　　　　　　　合六六、二〇〇人。

　　夜閱高宗武君之譯報，不覺夜深，十二時四十分就寢，未熟睡。

3月26日

　　晨九時卅分起。

　　重慶大學物理教授吳琢仁，持立夫兄介函來訪，談文化建設協會事，並談及四川教育界情形，重大理學院院長為何魯（奎垣）君，川大校長為王宏實（名兆榮）君，前校長即張表方（瀾）。

　　錢春林君來訪，錢為二六市上錢人，家住宜昌，懷遠路和光里二號，營轉運業。

　　向午葛武棨君來訪。

　　一時商務日報記者李約伯、大江日報聶沛鴻、新蜀報張駿、濟川日報趙君來訪；聶、張二人談話較多，張曾在首都新民報服務。

　　二時赴民生公司訪盧作孚君，並晤何北衡君；盧君

極健談，謂四川人民有數特點，就其好處而言：（一）勤苦，山坡隙地，亦均種植，必九百米突以上，始無稻田；一千三百米突以上，始無作物；山坡傾斜處，乃至山頂，樹藝殆遍，故生產較豐，工業原料品亦有生產，地下礦藏亦富，獨不如東北之有大量煤鐵耳。（二）人民富模倣性，易於造成風氣，如政治上軌，領導得宜，則前途非無希望；又談此省金融情形，謂銀錢業總資本不過七、八百萬，而負擔借款達七千餘萬，前數月匪勢披猖，人心惶恐，遂有匯水漲至每千元七百餘元之現象；今防區打破，財政漸漸統一，中央銀行成立後，必可將匯水壓平，使川幣與申幣不相差過鉅；又謂此間利率，大致均在分五至二分二之間，故生產事業，欲吸收資本殊不易云，談約一時許辭歸。康兆民君過訪，談半小時，六時赴民生公司應盧作孚、何北衡、傅真吾、康心如、康心之五君敘餐之約，到者劉甫澄以次約卅人，重慶各界領袖畢集，晤李幼椿、胡叔潛（光麃，華西興業公司經理），郭文欽（昌明）建廳長、李翰丞（警備司令）、鮮特生（英，剿區臣民團總指揮）、李規庸（重慶關稅務司）、劉樹海（鹽務稽核處長）、唐棣之（華，鹽運使）諸君。

席散後與季鸞、暢卿同至康心之君家，飲普洱茶，啖川產之橘、柚、甘蔗，暢談一切，至十時五十分始歸寓。康君名寶志，即民初名記者康寶忠（率達）先生之介弟也，本為陝籍，與其兄寶恕居蜀二十餘年矣。

下午接委員長覆電，囑在渝靜養不必飛黔。

回寓後閱公文九件。

夜十一時半寢。

3 月 27 日

晨十時許起。

鄧鳴階、盧作孚二君來訪，鄧君略談省政情形，先別去；盧君為詳談川省社會情形及彼個人經營北碚之經過甚詳。李幼椿寄來江西紀遊一冊，即展讀盡卷。鹽務稽核處長劉樹梅（湘籍）來訪，談彼于鹽務之主張，此君脫略殊甚，談話率真，一無隱飾，自言曾任東高師等校教授，今日猶以能存書生本色自負也。

午後趙巨旭參謀長來訪，攜來廿八軍軍長鄧晉康歡迎電，即擬一覆電表示謝意；趙君蜀之順慶人，保定畢業，今在行營參謀團任高級參謀。唐棣之運使（兼二十一軍經理處長）及甘典夔廳長同時來訪，唐君略談此間財政情形；甘君談過去政務處之工作，並遺余施政特刊，及民廳本年度與下年度行政計畫大綱各一件。洪吟蓉君來談，浙同鄉在重慶者約二、〇〇〇人，甬同鄉長住者約三百餘人。

發第十一號家書，有航郵赴漢也。

傍晚何北衡君來訪，談青年訓練問題甚久，彼主張各校應不僅授軍事訓練，直須整個使受軍事管理；並主張延長暑假，令學生作調查工作及宣傳（如公共衛生、公民常識等），以增加青年接觸社會實際生活之機會，而消除其空虛驕矜之習氣；且謂集中力量之前提，在各部分相諒

解，而諒解必基予了解；苟不了解，則諒解即難言矣。清辯滔滔，傾聽之殊有興趣。

客去後，閱甘君所贈之施政特刊及行政計劃，覺所擬尚有條理，但進度則略嫌緩慢。

邵鶴亭君寄贈鄉村建設學院概況，並約時晤談。

夜八時許，胡春藻先生來談，彼擬于暑期脫離湘大，來應重慶大學之聘，對于重大，擬設工、農兩學院，並先設醫專，於三年內完成之。

夜十一時半睡。

摘記新疆最近情況（德國商人威廉德恩所述）：

二十二年春，盛、馬戰爭勃發，盛據迪化，其部下張子衡據伊犁，馬在哈密，戰事發生未久，張即倒戈助馬；盛世才得報，即密派其外交專員張大立（譯音），赴俄乞援，至十二月九日，盛氏與俄人之協定在迪化簽字，由俄與軍事經濟之助力，盛則履行下列條件：

1. 在新統兵二千之白俄將領巴本葛特立即就捕；
2. 助馬作戰之東北義勇軍，另派人員率領；
3. 非經迪化俄領簽字，一切外人（包括中國內地人）
   不得入境；
4. 阻止歐亞航機進展至塔城。

上列條件，盛氏完全履行；同時蘇俄軍隊，即由塔城、伊犁開入，張子衡自殺。翌年一月廿日，馬仲英軍圍迪化，盛以無線電向俄軍乞援，俄方立派爆擊機七架前來，馬部大半傷亡，遂潰散。自此蘇俄機械化軍團萬人，

遂挾坦克車及大量軍實，長驅入迪化矣。自俄軍舉行「友好的佔領後」，立即進行二事：（一）組織新疆路政保安部（即G. P. U.），以非常手段肅清反赤分子；（二）引進大批顧問，一年來新省一切舉動，非經顧問簽字，不得執行，就中以馬理珂夫及庫甲甫謝夫為最有力量。俄人攫得新疆實權後，即進行新省與俄國間交通之開發，迪化至塔城、伊犁之汽車路，皆成為第一流之公路，數百輛軍車，運輸商品不絕，迪化飛機場已造成可容戰鬥機一五零架之大飛機場，塔、哈間定期航線，即將開航。

3 月 28 日

八時十分起。

九時李幼椿君來訪談，彼言諸友與羅（隆基）、王（造時）、張（君勱）等完全異趣，以及彼參加安撫會工作之經過，十時後始離去，接彝鼎自漢來函。

新蜀報總編輯周欽岳君（巴縣人，新自法國回來），偕其友人董貞煊（化學家，留德學生，現在參謀團）來訪，蔡賓牟君來訪，彼將赴成都四川大學任教，今日過渝，明日即行，川大理學院院長，為魏時珍君。

午應鄧鳴階秘書長之約，赴省政府午餐，季鸞、暢卿皆在，民、建、教三廳長及傅真吾、邱秉彝諸君作陪；川省府諸般草創，設在督辦署之對門，借一茶樓而略修飾之，在各省省政府中，當為最簡陋之房舍矣，辦公室內職員密坐，作事尚有精神。

　　散席回寓已二時餘，毓九介紹渝自來水公司總工程師程西恆（名紹聖）君，水力發電廠報告一件，三時五十分，鄉村建設學院副院長邵鶴亭君來訪，行叔在法時之友也。去年始來此間，任鄉建學院事，據謂四川有民教實驗處數處，在南泉者，係完全模倣鄒平，在河津者，完全模仿定縣。重慶之鄉建學院，本約陶知行來此，後以陶堅持必須依彼教學做之主張，川當局意稍躊躇，陶遂不果來。

　　五時赴楊柳街招待所，應劉甫澄主席之約，為季鸞洗塵也。晤川中老輩張表方先生（瀾），此君在川中軍政教育界中，均有勢力，曾任川省長及川大校長多年，今六十有三矣。齒髮猶壯，精神極旺盛，談川西北之黑暗痛苦，對田、楊及李其相頗多貶辭，而于、鄧則時有稱許，據謂川北匪區逃亡，在嘉陵江之西者，不下百萬人。

　　席散後，以張必果秘書長之邀去章華大戲院聽川劇，道白多文言，語音清晰，殊有味，所唱為四川之高腔，類似秦腔略帶昆劇之味（亦有似紹興高調處），亦有似四平調者，季鸞謂係吹腔也。

　　閱王公達君呈委座之報告，係轉報新疆情形，新疆面積五十五萬方英里，與法、德、西班牙三國總面積相等；自前年盛、馬之役，俄人勢力日張，不啻外蒙第二矣。

　　約記其略餘前頁以備參考（原件即送秘書長）。

3月29日

　　九時十分起，以昨睡太遲（二時半始入睡）也。

毓九介紹重大物理系主任周君適來訪，周為留德兵工學生，曾任中央大學教授，談文化教育及兵工事甚詳，於砲兵製造似尤為擅長。

二十九軍田頌堯代表李蘊鼎（鑄，參謀長，犍為人），攜田之歡迎電過訪，談川西南之物產情形甚悉；覆田軍長一電，即送李參謀長託代譯發。

到川以後聽各方議論，有兩點即為普遍，即（一）四川為國防重鎮，亦為復興之最後根據；（二）中央應以力量乃至財力救濟四川，助成四川建設，此種議論，余殊覺其對問題欠缺真實之認識，且略帶誇大與責望之意，故于昨日起，與客談話即隨時暗示矯正之。

善後督辦署核定各軍月餉數目

部別	各部造報之數目	督署核定各部之數目
廿八軍鄧錫侯部	七十三萬零七百元	五十萬元
廿九軍田頌堯部	一百四十四萬八千五百元	四十萬元
二十軍楊森部	五十九萬零九百元	十八萬元
川康邊防軍劉文輝部	四十二萬四千九百元	十二萬元
陸軍新編第六師李家鈺部	五十六萬二千四百元	二十萬元
陸軍新編第廿三師羅澤洲部	三十四萬一千七百元	十萬元
合計之數目	四百零九萬九千一百元	一百五十萬元

▲註 二十一軍及劉朝俊所部不在內，劉朝俊部即劉存厚之舊部，今亦歸二十一軍系統，人數約一師。

發十二號家書，附致大哥、四弟各一函。發寄佛海、果夫各一函。

黃溯初君寄來挽救入超初步政策說帖摘記如下：

一、現狀

廿三年全國進口總值一、○二九、六六○、○○○元，

入超四九四、四五○、○○○元，

廿三年全國出口總值五三五、二一○、○○○元，

米、麥、棉進口一八八、五○○、○○○元。

二、辦法

1. 普設堆棧

外貨米、麥、棉易受歡迎之原因，為成色一律，包裝合宜、出貨應期三點。應由政府或其他機關，於大宗農產出產地或聚集地，多設堆棧，嚴列成色，改良包裝；

2. 許可進口制

徵求各進口貨業同業工會意見，於不背外交之限度內，分別進口貨為最要、次要及奢侈品，分別加以許可或不許可進口之處分，一面改善各同業工會之組織，俾能互相監督，以推行許可制度；

3. 外匯機關之設置

由中國銀行及向營外匯銀行，共同租資組織一對外放款貿易之機關（此外任何金融機關不得私營外匯），政府畀該機關以下列之權能：（一）得向外國募借貳萬萬元之款，專為對外貿易活動之用；（二）對是項外債，政府給與最後負責償還保證；（三）該機關對已受許可進口貨物，有按進價七折作押，代還貨款之義務；（四）各商家得以合法遠近期票據，

向該機關作抵，先行出貨；

4. 借錢要點

擔保品以該機關財產及政府所提供保證之全部資源充之，借款額定期透支之方式，應使其為純粹商業的，不以英、法、美、日為限；即意、德、比、荷，亦可商借，如借某國款買某國物，而動用透支，即不妨以某國亦須購中國貨為條件，以達到以貨易貨之目的。

三、結論

幣制借款問題太複雜，新銀團有政治關係，故不如以商業機關接洽之為便也。

六時賀元清約季鸞晚餐，邀予作陪；晤鮮特生及鄧、傅、李、張諸君、席散後，季鸞偕康心之君同至余寓，坐談久久始別去。

複閱高宗武君寄來之件，閱申報及六弟寄來之件。

一時就寢。

3 月 30 日

午前十時起，毓九、晶齋來談，轉示煥之來函。

葛武棨君來談甚久，午膳後去。

接熊齊請假電，覆准假兩星期，交黃司書負責保管。

接劉、李、魏、厲、林、雷電，請挽回諮議事，覆無可設法。

傍晚應洪吟蓉君之約，赴沙利文晚餐，同座有陳世

蕃君（鄞縣，天和公靛青號）、羅稼懷君（慈谿，裕生公司，五金業）、王鼎裕君（慈谿，城中裕康厚藥材），皆同鄉也。飯後到江海銀行小坐，歸途訪芷町、伯鷹未遇。

閱高宗武君譯件。

十二時卅分睡。

3月31日

九時半起。

覆公展、貞柯各一函。

今日天驟寒，覺甚不適。

午後二時，稚暉、靜江、石曾三先生到渝，張夫人同來，住陶園太乙精舍，予即往訪，晤教廳秘書長鄒明初君（德高）及中心工業試驗所主任曾義宇君。

毓九、晶齋來談甚久。

夜服安眠藥一片，十時四十分寢。

4月1日

七時五十分起。

偕靜江、稚暉諸公,赴省黨部特派員辦事處,參加聯合紀念週。在辦事處小坐,晤秘書曾劍鳴、陳淡霜(淦)二同志,十一時半回寓。

午後睡一小時甚適,核閱講演稿三篇。

曾劍鳴君來談四川晨報情形,每月經費千二百元,廣告收入三百元,支出約千八百元,社長謝兼,以曹叔寶代理,副社長陳淡霜、編輯吳大猷。

邵鶴亭君來訪談。彼擬致力研究民族教育,所談甚有見地,予擬邀其入黨,囑彼考慮。

劉甫澄主席來訪,為四川晨報兒童節特刊題字。

晚應省府各廳長公宴于沙利文,旋又赴三樓陳世蕃君約,座中有劉世偉(鎮)、周世恩(定)、余樹生(名柱,鄞)、童朝陽(蘇南)、葉芝貴諸同鄉,暢談極歡,回寓與稚老談良久。

上委座報告一件:(一)趙志游事;(二)姚詠白事;(三)吳先生等行蹤。一時就寢。

4月2日

九時起。

季鸞來談甚久,楊全宇廳長來談重慶大學事,十一時去。偕項組長望如、李良雄、吳中相兩副官,往謁吳、李、張諸老。

　　午後，曾劍鳴，陳淡霜兩同志來訪，談及川省黨報，尚有在成都之川報，經費更少，規模更窄，又談重慶印刷方面，十時後即不允再排稿件等與。葉芝貴先生偕余、王、童諸同鄉來訪。

　　傍晚謝作民同志來談，為四川晨報，請中央援助機械等事，即晚函楚公，特予設法撥印機一架。

　　六時，劉總司令宴吳、李、張三公于沙利文，被邀作陪，席間晤胡文瀾（景伊）、邵明叔二先生，皆川中政界之老前輩也。又晤衛生署特派員王祖祥及經委會四專員。

　　夜與稚老話別，彼決意明日乘公共汽車去成都，堅謝一切招待與供應，此老精神真不可及。

4月3日

　　晨八時起。

　　知稚老攜一僕去成都，靜江、石曾二先生游北碚去矣。

　　發在君函，告以中央博物院基地事，已奉批照辦，該函託乙藜轉去。

　　發公展函（附致公弼函）、明鎬函（附致貢華、耿民各一函）、實之函（附致楚傖函），均明日航郵寄。覆宗武函，中央社馮有真來談良久去。

　　午後三時，吳禮卿、羅良鑑二君由香港飛來，往訪未晤。

　　四時聞鶴皋自漢乘船到此，即往江海銀行訪之；六

時到沙利文晚餐，吟蓉作主人，餐畢仍回江海小坐，十時歸，再訪禮卿則已睡矣。

往暢卿寓，談近日剿匪情況，鄧鳴偕、何北衡均在彼，鄧、何十一時辭去，與暢卿談一小時許，後至芷町室中，與芷町、伯鷹談天，十二時三十分回寓睡。

4 月 4 日

七時五十分起。

往訪吳禮卿先生于陶園大樓，吳君語我中行改組之情形甚詳。

十一時接鶴臯來寓，即與同訪暢卿，在臨江小亭上坐談，移時同歸寓午餐，午後二時餘，鶴臯去。

甘典夔廳長來訪，談重慶大學、鄉村建設學院、實驗區問題、渝黔路迅速完成之困難，謂至少須五個月，及文化建設協會、分會等事，四時許去。

五時三十分偕秋陽赴城內人和灣七號和源藥號，應芝貴先生之約，席間有李規庸稅務司及洪吟蓉、陳世蕃、王、童、羅、劉、余、周諸同鄉，周世恩君談鋒最健，九時辭歸。讀中國六大政治家商君篇，十一時三十分睡。

4 月 5 日

九時三十分起

衛生署特派員王祖祥來訪，謂：重慶煙民三萬人，現擬設能容一千人之戒煙所，每期需三星期，九十星期可

全市戒盡。

今日覺精神倦怠不適，竟日在寓讀書，未出外。國風雜誌登載吳芳吉遺札二十餘通，皆其二十以外之作，此君天姿勝人，惜不永其年也。諸札中多精警語，愛而存之。「若熟讀五經，反顧韓退之輩，真隈弱不足語矣。」「無聊之起，多由看得人事太難，而忽視性命太甚。」「何以幹大事，排大難者，多屬懵懂矗狂之士，無他，有人事不難且易之耳。易之故，朝氣作，朝氣作則放膽直前矣。」「即人觀人猶可以經其大即大，觀人將何施而不可。」「擴充人類生命，為吾輩書生天職……教以求生命之源，致以滋生命之長……使人類生命始于至大至剛，終于至真至善。」「不信天地之間，易有學問一物，只覺讀書愈多，愈與中庸相近，並無所謂高遠。」「凡人對于其才能盡量發揮其知能對于時代盡量擔負其責任，即為能正心誠意。」諸如此類，出之二十許少年，皆難得也。

十一時就寢。發第十四號家書。寄貢華一函附致在君函。

4月6日

十時許起。

重慶商會主席潘昌猷來訪，談此間改革稅制情形。

讀中國六大政治家管子篇、諸葛武侯篇、李衛公篇。

左舜生介紹王光祈君于介公，希望招致回國，擬託暢卿轉陳。

接廿三日發家書二緘，又接道鄰來函，言特種刑法事。

侈靡篇：為國者及民性可以與民戚，民欲佚，而教以勞，民欲生而教以死，勞教定而國富，死教定而威行。

法法篇：令入而不出謂之蔽，令出而步入謂之壅，令出而不行謂之牽，令入而不至謂之瑕。

七臣七至篇：明王見必然之政、亦必勝之，罰使民知所必就，而知所必去，……故法不煩，而民不勞，……百姓無怨于上。

商君算地篇：有地狹而民眾者，民勝其地，地廣而民少者，地勝其民，民勝其地者務開地，勝其民者事徠。

商君畫策篇：聖人知必然之理，必為之時勢，故為必治之政，戰必勇之民，行必聽之令，國亂也，非其法亂也，國皆有法，而無使法必行之法。

4月7日

晨八時三十分起。

訪靜公告以稚老抵成都消息，旋又往訪兆民談剿匪近況。

蕭化之來談，知彼近頗讀顏李書。川中有所謂五老七賢，五老者：趙堯生（熙）、方鶴參（旭，相城人）、徐子休（炯，主張尊孔）、曾奐如（鑑）、尹仲錫（昌齡）也。黃應乾云。

午後李琢仁君偕黃應乾君來訪，黃為二十一軍教導師秘書，重慶市指委，曾在東南大學肄業，叔諒之弟子也。

琢仁以文建會分會事，就商于余，余告以要點，囑函立夫
商之。

參謀團參謀田湘藩來訪，何芸樵之部屬也，談川黔
公路建築情形甚詳。

小睡四十分鐘，比醒開鶴皋、吟蓉諸兄，已在鄰室
相候矣。接道鄰電，言馮庸事。

五時十分與秋陽同赴渝同鄉會會餐，會所方在改建
中，內設完全小學一所，學生七十餘人，慈谿籍六人，校
長教師四人，均甬籍，此間同鄉雖少，辦事均有朝氣可喜
也。旋與賀皋赴東道川菜館，應甘典夔、高詠修（巽鑑，
前政務處副處長）之招晚餐，九時半回寓。

4月8日

八時三十分起。

讀中國六大政治家，李衛公篇。

石曾先生來談，彼明日擬回滬，將來再到漢訪蔣先
生，並留交二百金，囑交稚暉先生。

中午鶴皋先生來寓，彼適訪暢卿，便道來此，談二
時許去。

接孤帆、佛海、貢華、劉子泉、祖望、貞柯、四弟
各一函。又接士剛函。

接四月四日發家書。

發第十五號家書。覆四弟、貞柯、祖望各一書。

複閱高宗武君外交報告等件，交維庸清繕。

十二時就寢。

4月9日

九時許起。

靜、石兩公今晨離渝東歸，靜公舟行，石曾先生乘飛機。

讀中國六大政治家，李衛公篇完。衛公貶崖州時，有登州城一絕錄之如下：

「獨上高樓望帝京，鳥飛猶是半年程，碧山也恐人歸去，百折千遭繞郡城。」

自蕭君處假得四存學會所編之顏李集讀之，盡習齋語錄二卷、恕谷語錄二卷，摘錄其精粹語于別冊，既而複閱之，則恕谷語錄中於闡明躬行實踐之語蓋十不得一、二也。

川康外交視察員吳醴泉（澤山）君，持頌皐、愛理二君介紹函來訪，談一小時而去，嗣楊全宇君來談保障教費事。

夜暢卿過談。

吳禮卿先生自筑歸，談貴陽軍政情形，知已命王家烈為總指揮。

十二時寢。

4月10日

八時起。

閱中國工程學師會「考察四川石油報告」，為經委會公路處陸貫一所撰。

據該報告所載，四川紅盆地內發現石油之處甚多，分佈面積亦廣：（一）東北有達縣之橋灣河，（二）南有巴縣之石油溝，（三）西有犍為之五通橋，（四）西北有仁壽之中壩井，（五）北有蓬濱之蓬萊鎮。而富順之自流井、榮縣之貢井，亦出石油，在此盆地內，東西四百公里，南北三百公里間，開鑿鹽井之數，達一萬左右，深者約一、二〇〇公尺，但還未發現豐富之油層。

閱顏李師承記二卷。

禮卿先生、郜子先生過談。

接十一號家書，又接溯中、六弟各一書，接晏匋樵來電。

夜蕭化之過談，複閱自反錄三十頁，十二時寢。

4月11日

九時十分起。

昨、今兩日陰雨沉沉，氣候陰鬱不堪又奇寒，覺甚不適。

複閱自反錄第二冊完，覺頭涔涔作痛欲裂。午後三時往江海銀行與天孫諸君談久之，五時許回寓，頭痛仍未癒，略進晚膳即休息。

委員長自貴陽來電，欲余附福特機去筑，余適患劇烈之頭痛，實不能飛行，即覆一電告近狀，請許暫緩前往。

接外舅二十八日發函，即作覆（十二日寄出）。

夜與秋陽閒談，未作事，十時半就寢。

4 月 12 日

九時起。

今日清黨紀念，余以頭痛未癒，未往參加典禮。天氣轉暖，仍覺不適。

閱日本各報及雜誌對徐道鄰「敵乎？友乎？」之批評，即為摘要呈委員長。

長谷川如是閑在中央公論評曰：「雖極公平合理，但仍不免理想。要知理想的絕對性與事實的妥協性相隔甚遠。然歷史為負著現實的妥協性而進行者，中日關係改善運動，必循歷史前例，漸入于適合現實事實之過程。」「兩國必依于國民經濟之生存力而決定其真實關係，此其重要在雙方表示的感情以上。」

複閱自反錄第十一冊，計閱五十頁，覺甚倦。

發佛海、溯中、立夫、六弟、公展、公弼、貢華、士剛、琢堂各一函，及第十六號家書，明日寄出。

接道鄰自北平來函，告近狀並述研究特別刑法及思想犯問題。

夜閱四川月刊，閱八日至十一日申報，十二時寢。

4月13日

九時卅分起。

頭痛仍未癒，天氣轉寒，愈覺不適。

陳世蕃、葉芝貴兩君來訪，談此間有人組織浙同鄉會，及湖寧公所沿革，湖寧公所者，在二十年前，此間湖州人營磁者所發起，並邀吾甬藥業與之聯合組織者也。今湖州幫式微，公所事全由吾甬藥業主持之，舍宇極閎大，今為軍隊借住云。

複閱自反錄第十一冊完。

午後鶴皋、吟蓉來，未幾譚毅公偕楊燦三（名培英）君來訪，楊君為此間金融界老輩，經營聚興誠銀行，極有成績，蓋一精幹洞達之實行家也。對政治認識極清晰，談去年劉甫澄去職、復職經過甚悉。

漢卿先生自漢來，擬飛筑，因天氣劣，中途折回，寓潘公館，往訪之。

甫澄招晚餐，以病謝。

夜與芷町、伯鷹閒談近事，至十二時十分歸，即就寢。

4月14日

九時許起。

天色放晴，竟日見陽光，來川二十二天，此為第一次也。

閱四川生產建設會議報告書。

進城理髮，十二時卅分歸，覺頭痛稍瘥。

接委員長元未待參筑電，囑不必急急赴黔。

午後偕秋陽登鵝嶺遊李家花園，園中樹木蓊蔚，面積寬廣，最高處有一亭，曰飛閣，左瞰嘉陵江，右望長江，村舍帆檣歷歷在目，心境殊為怡曠，四時十五分下山，遇毅公諸君于途。

夜以電話詢康宅，知季鸞昨自成都回來，今日赴貴陽去矣。

省黨務特派員辦事處書記長周遂初君來訪，周為長壽籍，來此二年餘。

十二時寢。

4 月 15 日

八時十分起。

接晏主任電，囑擬電稿二則。一、謝汪電，賀特級上將。二、電林主席呈謝。

胡叔潛（光麃）君過訪，談四川一般人士，對於開發產業與高談建設之通病。胡君最反對高談國防，而毫無實際準備，並認一般言論，將國防工業與民生工業劃開極不合理，又謂工業如不精密計算到經濟情形及設備成本，其弊害較空想尤甚。例如一般所談灌縣水力發電，殊不知欲在灌縣設堤壩即水泥原料，其價格較滬上須高出十倍（水泥每筒在成都售價四十元，再往上須用人力，非六十元不可），其言論殊透徹，談逾一小時別去。

何雪竹先生昨自筑飛來，午後來陶園時談良久，知
匪竄盤江一帶。

夜芷町、濟民來談，十二時十五分去。接第十三號
家書，又熊書記函。

4月16日

九時卅分起。

王惜寸先生自漢口飛來，擬今晨去貴陽，結果因氣
候劣，未起飛。

電覆晏主任，附擬電稿二則，請代呈核。

午後楊全宇君又來談：（一）關於重慶大學事，（二）
讀書運動，（三）四川文言白語之論爭，（五）文化建設
分會事，予告以先定步驟，再訂計劃，大學由教部主持為
佳。並勸其致力三事：一、創設省立圖書館，二、表彰鄉
先賢先烈，三、整飭縣教育行政。

與毓九、晶齋談租務，兼研究歐洲局勢，毓九以為
德國廢和約，全為對內且得英默許者。

夜聞季鸞自筑歸，往訪之于康宅，季鸞有下列意見
囑為補充陳述：（一）請以後減少講演，慎密言詞，在此
環境下，欲言救國，只有以心傳心。（二）「獨裁」、
「民主」之爭甚屬無謂，「獨裁」兩字為日本譯語，表面
上與專制無異，何如延長訓政較有根據。（三）思想犯罪
問題，應有積極對策，最好由中央、教部等設法羅致全國
文哲及社會科學專家，創立哲學系統及經濟思想，期在積

極上樹立國論，但一面仍不禁止在大原則下作自由研究
（陳豹隱極肯研究）。

季鸞又言，有吳屏者，留德學生，精農藝化學，主
張設立農產研究所于西安，必要時可酌贈川費招來一談，
唯彼對英美意之專家，不甚能合作云。

4月17日

九時起。

昨晚患牙痛甚劇，二時後始入睡。

擬中央軍校軍官高等教育班三期同學錄序，明日寄
黔呈核。

接伯楨先生函、枕琴先生函，均為海壽事，無以
應也。

發第十七號家書，又覆滄波函，致鄭烈蓀一函（為
糠粃製油事），由家書中附去。

函公弢勸轉告朝報副刊編輯，勿逞才氣，以笑罵嘲
謔為能事。略云：「凡人稍有才調者，少年時誰不意氣如
雲，實則此時所沾沾自喜者，過後十年，再一回思，了無
可衿異之氣，唯能觀理真切，宅心宏恕，使中年後批閱少
作，一無足為追悔面赧之姿，乃為真正天資過人耳。吾愛
慧劍諸子甚深，不願以時下才人望之也。」

午後仍患牙痛，入夜更劇烈，不能入睡，苦極。

4月18日

　　昨晚未熟睡，晨起極遲，已十時半矣。牙痛稍減，仍未癒。

　　十一時駐日使館丁參事性存來告訪，談王亮疇先生在日非正式折衝情形。

　　王對廣田所提三原則：（一）雙方應尊重對方國家，在國際法上之完全獨立；（二）絕對站在平等的友誼之上，非友誼的行為絕對排除之，不以施于對方；（三）完全以和平的外交的方式，解決任何事件，措國交于正常之狀態。對此三點意思，廣田完全同意。

　　午後為蕭化之君修改文稿數件。

　　覆芩西、慶譽、道鄰、熊齋、子泉、枕公、伯楨各一函，又上大哥一函。

　　報載張溥泉在平談話，陝省去年產棉數額總值三千萬元。按陝省改良棉種後，增加產量，報上有言過其實者，張君言為可信也。

　　中央社渝分社，今日成立，分社主任為何樹元，晚邀宴，以齒痛謝未去，十一時四十分就寢。

4月19日

　　九時十分起。

　　報載南京市人口計十八萬二千餘戶，男五六八、〇〇〇人，女三七二、〇〇〇人，合計九十四萬一千餘人。

　　今日又有極佳之太陽，並購炭燃薰室內，以逐潮器，

薰後入室覺呼吸亦較舒暢也。

齒患未已，仍隱隱作痛，且牽及右額側神經感覺漲痛，此數日內不能用心作事，與秋陽閒談而已。

午後入城遊覽，晤唐棣之運使于江海銀行，即在彼晚餐，八時回寓。

接祖望、貞柯、叔受、述庭各一函，又接第十四號家書。

閱高宗武君外交部告及電訊社論文等摘要呈委員長。

十一時卅分寢。

據日本方面所發表兩年來中國對英、美、日三國之輸出比較如下：

	英國	美國	日本
一九三三年	48,770,000 圓	23,150,000 圓	95,810,000 圓
一九三四年	49,810,000 圓	94,440,000 圓	81,230,000 圓

4 月 20 日

九時三十分起。

今日天又陰寒，晨下雨，牙痛仍未已，悶損殊甚。

複閱「中國何以轉向妥協」（日本電通社原著）譯稿及譯報多件，並為節要呈閱。

覆核講稿一篇（去年在臨川講）。

午後徐學禹君來訪。彼甫自成都歸，為言成都一般輿論，對鄧極贊美，而對二十一軍則無好評，成都市人口四十三萬，市政府月入僅五千，電話只有一百餘架，且多閒置不用，工用事業窳敗甚矣，市長鍾君體乾，留德學

生，尚廉潔。黃應乾君來訪，以牙疾未晤，由秋陽代見。

各軍代表公宴，亦以疾辭未赴。

夜十時寢。

4月21日

晨八時起。今日天晴暖，覺精神較爽。

九時赴省黨部，參加文化建設協會川分會成立典禮，晤何奎垣教授及諸幹事，被邀請話，無可辭，略致祝頌期望之意，益勗以確立服務的人生觀為第一要義，蓋今日非無在文化學術上努力者，然其出發點多屬自私，結果非獨善其身，即弋取名位，乃至「求出路」「求表現」成為公開不諱之名詞，知識分子尚不能拋棄個人本位，乃民族前途之大憂也。

二十軍軍長兼四路總指揮楊森，原駐順慶（南充），奉令率部南移，將駐叔永，督修川滇公路。楊于本日來渝（此後川軍各路駐地如下：一路鄧錫侯駐綿陽，二路張震駐廣川，三路李其同副羅澤海駐日升場，四路楊森駐敍南六屬，五路唐式遵副范紹增駐綏定，六路王纘續駐南部）。

午後校閱印發各軍將領之小冊子，接四弟寄來文瀾學報一冊，內容頗豐富。

夜作函數緘，覆四弟、三姪、調甫，並致嚴慧鋒一函，為三姪謀事。

十一時三十分寢。

4 月 22 日

晨八時三十分起，今日天氣驟熱如初夏。

頗思日內飛黔，而齒病仍未癒，殊覺焦急，接果夫函，附來留法女生羅衡論中日關係一書，閱後即以快函附還之。

為準備撰擬「科學精神之應用」，再閱科學概論等書，搜集材料，至四時覺疲甚，遂復置之。貴陽寄來核定文稿一件，即用航快寄張教育長。

傍晚赴沙利文，應傅真吾參謀長、李翰丞司令之宴，傅、李二人為楊子惠軍長接風，並歡送何雪竹明日赴沙市也，唔劉參謀長（二十軍）駿鳴（鏞）、謝旅長秉之、二十軍辦事處長、周師長志輩字鶴立及吳師長（黔軍？）。傅心字厚安，吳君極善交際，與予談貴州情形甚悉，謂黔東南人民較樸健，染煙毒不深，黔西、北則較弱，彼為都勻人，其地產兵，以滇招兵，皆喜于黔東招募之云云。

接次行函、叔受函、過兒函，又道鄰到漢後發一函。

4 月 23 日

晨九時十分起。

覆次行、叔受、過兒各一函，又致徐子青函。

閱五日來之大公報。

午後仍為準備科學論文，閱科學原理等書，隨閱隨摘要，覺稍有所得；商務有汪奠基編科學方法一書，材

料卻好，譯筆太劣，殊難懂也。

為委座擬覆許世英及尼瑪鄂特索爾（蒙政會委員）電，謝賀上將，即發。

接靜公來電，無法譯出，即電實之，轉請改用他密本再示，次日接覆電，係詢稚公行蹤，即覆告之。

齒病仍未痊癒，深恐去黔後再發，真感躊躇。訪暢卿未晤。

夜十一時三十分寢。

4月24日

九時起。

接稚暉先生函，知已回渝，住友人家不進城，接吳禮卿電、項組長電。

商務印書館渝分館經理楊竹樵（炳麟）來訪，楊為杭縣人，自謂來此五年，對渝方情形頗熟。

胡春藻、周君適二君約赴禮園午餐，以事未赴。

閱「科學中之哲學方法」，覺日人所撰之書較易閱讀。

午後鶴兄來訪，詳談身世，感慨殊深，彼謂閒居之痛苦，非體驗後不能深知，許多人忙于找出路，非盡為名利，勸予放寬眼界，勿懷先入之見。

接佛海、滄波、六弟、七弟各一函，又接第十五號家書。發第十八號家書附致遲兒、細兒各一函。

夜訪暢卿於其寓，聞黔匪由興義向滇境平彝方向北

竄，暢卿謂其企圖似在入川南也。聞委座在黔，辛勞特甚，予晏處後方心甚不安，夜二時許始入睡。

4月25日

晨起已九時四十分，來川以後不能早起，已成習慣，奈何。

暢卿囑閱駐英公使館來文，並合同譯件，又川省府呈送特種教育施行計劃一件，均為核閱簽注意見歸之。邵鶴亭君到來談教育文化及建設問題。

電委座報告病已稍癒，有飛機即來，並詢應否約稚老入貴州。並致傳遠一電。

校閱道鄰研究報告一件「特別刑法廢止問題」，並為節要交繕以備呈閱。

俞飛鵬君所呈美國工業統制計劃二件，寄五組；指定慶譽翻譯。

夜何北衡、謝作民兩君先後來談，何君談過去四川軍閥互鬥情形及兩年來轉變之原因。謝君談此間黨務情形，直至十二時半辭去。川省黨務辦事處設計委員胡素民、曹叔寶、郭雲樓、冷曝言、陳紫輿、周遂初、李厚如、李琢仁、周蔭塘，前五人均年五十以上矣。十二時五十分寢。

4月26日

九時起。

稚暉先生過訪，談峨眉之游經過，謂山頂並不甚寒，

穿絲棉袍已可禦寒。

接委座覆電，囑轉請吳先生入筑一游。

與暢卿聯名覆楚傖一函，為渝新聞檢查所事。

午後作函數緘，分致靜公、貢華、道鄰諸君，又發第十九號家書。

聞康道機到渝，即與中央分行接洽，定明日飛筑。

準備動身各事，條諭熊書記在編纂員未到前，對備忘錄作初步編輯工作。

夜往嘉利賓館訪稚老，又分訪元靖、暢卿兩君辭行。

十二時十分寢。

4月27日

八時起。

九時派車往接稚暉先生，濟民、化之諸君皆來送行，已而鶴兄亦來送，遂同車往機場，稍待稚公來，已而陳辭修君亦來，芷町、伯鷹，亦均來場送別，方擬登機，而機師稱機件損壞須修理，乃入茶館內待之，及修理完畢，已將三時；遂不果行，仍回陶園宿。

與辭修暢談國內外情形、剿匪情勢及整軍步驟，即留彼在寓午餐，所謂午餐乃在四時一刻進膳，蓋無異於晚餐矣。

夜進城訪友，十時許回。葛武棨君偕陳紹平、王德清兩君來訪，均未晤，陳、王皆黃埔第二期同學，在四川做事。

十一時十分寢。

4 月 28 日

七時五十分起，收拾行囊即偕辭修赴機場，劉主席派交際副官熊君，偕行營交際副官傅烈（國傑）來送行，先至茶店小憩，稚老又為新聞記者所包圍，談話良久，十時一刻登機，初時尚不覺暈，及起飛半小時後，覺胃空欲嘔者屢，幸均忍住未吐，然口乾特甚，因服VASANO故也。十二時二十分到清鎮機場，其小地名為平遠哨。郭思演司令及項傳遠君來迎，遂同登車進城，至距城五里許之頭橋，晏甸樵主任及二路柳參謀長名善字際明臨海人，均奉派來迓稚老，遂與甸樵同車進城，到綏署午飯已四時矣。

黨務特派員李次溫君及中央社記者蕭蔚民君，先後來訪。

委員長今日往修文游陽明洞，六時許始回，七時三十分偕稚老、辭修入謁，見其精神暢旺，身體較健，甚以為慰。夜往新生活旅館，視稚老並答訪郭司令，十一時寢。

4 月 29 日

晨七時半起。仲公來談良久，謂貴州人民共有七百萬，苗民居十之六，全年收入田賦僅八十餘萬，從前苛雜名目繁多，最酷者為禁煙罰金，現經豁免，此後非全賴中央接濟不可（所謂特種收入，亦僅二百萬，然除此更無收入，故不能立時停止）。

王紹武君（家烈）來訪，陳貽蓀（前浙省黨部幹事）、彭惕安中央支行行長先後來訪。

謁委員長報告一切，命擬國民經濟建設運動方案。

校閱文電稿十餘件，轉呈請示二件。

發秋陽一函，又致暢卿一函，發第二十號家書。

上午十時，參加紀念週，在草坪內舉行，別有清曠意味，稚公及辭修有極佳之演講。

七時偕稚暉先生及辭修至委員長宅晚餐，談至十時一刻下樓，十一時睡。

4月30日

晨六時四十分起。

今日稚老及綏署職員數人，往游大塘苗區，苗民推代表四人吹笙以迎，聞抵苗區後，老幼聚觀，備極親熱，稚老告以革命意義，在拯救被壓迫民眾，聽者歡躍。

核辦文電共十餘件，擬電文二件。

革命日報社長王揆一（力航）君過訪未晤，留問題五則，逐條作簡單答語函覆之。

據某君呈文謂：貴州土地不唯適宜五穀，即桐、茶、黍、麻均無不宜，金屬礦分布尤廣，銅仁、八寨、省溪等縣產水銀，威寧、畢節產銅，貞豐、興仁產銀，鎮寧、關嶺、台拱產錦，三合、都勻產鐵，又鑪山、龍里等產石油，寶藏皆豐富，惜貨棄于地也。

致秋陽一函，附寄二十一號家書。

　　吳禮卿先生自漢來，七時三十分起飛，一時三十分到貴陽，可謂迅速之至。

　　陪禮卿先生在委員長處晚餐後，九時回室，覆安順民眾答贈旗書，致楚公一電，十二時寢。

四川國派概況

　　一、負責人：中委在川者有李璜、張表方、魏時珍、吳君毅、周太玄、青成烈、王逸生，川省委員有李瑛、張必果、楊叔明（到廣西當代表）、青成烈、胡戎生，青年主任宋益清，宣傳林樹清、組織周子聯（劉泗英亦極重要之分子），成都市委劉東崖、胥志明、周太玄、吳繼明、段盧谷等。

　　二、重慶之份子：張德敷（舊二十一軍政務處教育科長）、劉航琛、盧、何、徐孝臣（二十一軍參謀處長）、周倫超、唐賢軼（前團務處長）、張酒芳（川東師範教務主任）。

　　三、成都方面：川大法學院呂平章等三十餘人；文學院陳華樑、溫銳等三十餘人，理學院鄭朝等二十餘人，工學院唐宏俊等四十餘人（內有楊運鼎到京考軍校、何從正二十八軍保送考軍校），及成都聯中、光明公司、天府高中、成公中學、川大高中部（十餘人）、華大醫科等多人。

　　四、散佈各地者：遂安、基江、遵縣、南充、南川、宜寅、富順、澄江、眉山、岑慶、大足、隆昌（曾之故

鄉，青年加入者特多，約五百人）、資中、葛縣、射洪、夾江、三台、洛陵、江山等縣，以教界為最多，在江北者，治平中學為大本營，黃源琛為首領。

五、外圍組織：（一）暢社（總社成都），該派之中心團體，吸收大學生，重要分子楊叔明、魏時珍、張新城等。（二）舉行勵進社（在成都由楊鎮華等組織）。（三）國難救濟會（有陳亮叔、青成烈等，曾勾結吳子玉）。親宗團、讀書會、政治、法律、研究會（均在成都）。渝青年會之讀書會，亦為該派外圍組織。

六、成都要人：張、何、盧（開發北碚峽區握得川江航權，舉辦少年義勇隊，兼峽防局長，其弟盧子英任督練長）。

5月1日

晨六時四十分醒，覺甚倦，假寐至八時三十分起。
睡眠既充足，精神遂暢。

奉命往新生活俱樂部視稚公疾，順便往訪新省府諸
委，僅晤纕蘅、元龍二廳長，省委朱仲翔君（庭佑）及張
秘書長棟（叔怡）均外出未晤。稍談辭出，信步出南門
外，游覽慈母園等處而回。慈母園者，前黔省長盧燾（惠
慈）葬母處也。

本日移居辦公廳東樓下前室。一時許，張漢卿及端
納從漢口飛來，以四小時半時間行七百五十英里，可謂迅
速之至。

午後四時，吳主席偕民、財、教廳長及委員朱庭祐
來謁委座，奉命招待。據財廳李仲公君談，貴州田賦年額
百三十萬，實收不足百萬；通關稅、禁煙罰金、吸煙罰金
三項，過去約收六百萬，至鹽稅徵收極難稽考，煙酒稅收
尤寥寥，前省府負債百餘萬，現只能暫先接收，不能正式
移交云。

核文電十餘件，擬辦四件。夜與辭修、禮卿談話。
十一時寢，十二時入睡。

5月2日　天氣陰雨

晨六時一刻醒，七時起，連日工作較繁，覺甚疲倦。
擬電稿二件，即發出。

九時代委座再訪稚公，知已痊癒。即往省黨部訪李

次溫專員，值外出，晤秘書李蒼宇君，略談辭出歸行轅。
約革命日報社長王揆一來談改進該報之要點：革命日報編
輯主任黃浩然，廣東人，中山大學畢業。旋往訪柳參謀
長，詢明該報開辦經過。十時三十分李次溫君來談此間黨
務，知現時擔任宣傳事宜者為周達時，任組織者陳惕盧，
任民運者為平剛（老民黨，曾任參議院秘書長），黨務經
費每月全省六千元，未發足云。十一時接見中央社記者蕭
蔚民，蕭去後，侍委座接見貴陽紳耆袁幹臣、和紹孔、桂
伯儔、倪樹銘、陳廷策、陳廷菜、王庭農、唐培悟、王仁
閣、凌惕安等人。袁為祖銘之父，談話處多牢騷語。桂、
王（庭農）、二陳較明白。凌君最正派，閉戶著書，徵存
文獻洵稱難得。送客出門後，約凌君入余室略談，索贈
「貴州咸同時期軍事史」（凌君近著）。凌君言近方一意
著述，擬輯貴州名賢像傳略，仿番禺葉氏清代學者像傳體
例，正在編著中，約予暇時過其寓（獨獅子七號）。凌君
去後，參加侍從室會報（即各組聯席會議）。決定本處加
派居副官參加經濟審查委員會，歷一小時餘始午餐，已二
時三十分矣。方就餐，柳參謀長、郭師長、公安局馮劍飛
局長均來訪，未接談。旋稚公來，氣色紅潤，病體已全
復，矍鑠精神，洵可羨慕。稚公去後閱公文八、九件，倦
極假寐，不能睡，未二十分鐘即起。侍委員長接見本城教
育界。到省立高中校長廖寅初、省師陳濟周、省女師錢慎
哉、省女中陳壽萱，省一中（高初中合辦）李維伯未到，
由教務主任孫立齋代，及私立中學（四所）、縣立中學、

私立女中（三所）、光懿冷禮瑜、復旦尹佩萱均女性，各校長共十五人。每人分贈委員長關於教育之講演詞：「復興民族之要道」一本，各校長均未發言，由委座訓話，十五分鐘退後即與諸校長略談，知高中有學生五百人，省師（附中）八百人，省女師（連初中附小）逾千人，師範生有免膳者，省師每月經費僅四千元，學生多來自外地，觀此則貴陽中等學生不能謂不發達也。各校長去後，委座於五時又接見貴陽商會主席戴蘊洲及各業工會主席六、七人，蓋此間尚有店員工會。四時三十分省黨部周達時君來訪，談及省黨部宣傳科主任為賀梓僑君，貴州人，囑其與革命日報合作，客去覺疲極，且冷，加衣小睡，半小時始覺暖適。

夜漢卿過談良久，其秘書王撫洲公簡（河南正陽）亦來訪談，至十一時始別，彬彬然君子也。十二時睡。

5月3日

晨七時起。

致明鎬函，索寄衣。又致貢華函，請同人加緊工作，均託張漢卿機帶去。

八時十分漢卿動身回漢，辭修送至機場。

黃藹秋一日來電報告滇剿匪情形：「滇省目前在匪竄安順，遮斷滇黔大道之際，志舟總司令即從省外調軍一旅構築工事，鞏固省防。匪抵易古之翌日，安劉各旅已從捷徑回省截擊，而匪極狡猾，由尋甸、嵩明向西北逃竄，

有祿勸地區渡金沙江模樣。滇軍因本省地形熟悉，以劉、安兩旅經富民繞出匪之前方截擊，孫縱隊率龔、魯兩旅尾隨，與中央軍協同一致迫匪于金沙江右岸，地險流急，定可殲滅」云云。

擬覆膺白先生電一件。核公文十二件。

閱委座交下合作金庫及合作組織意見書各一件。

閱經濟方案並將要點摘錄。

據貴陽商會主席所呈「貴州全年經濟大概」，出口：牛皮、棓子、水銀、茅台酒、銀耳、桐油約四、五百萬元，特貨一千二百餘萬元。進口鹽約八百萬元，紗布、疋頭五、六百萬元，華洋雜貨二百萬元，捲煙五、六十萬元。除特貨不計外，全年約入超一千萬以上云。

凌惕安先生寄贈咸同貴州軍事史，搜羅詳備，聞屬稿三年乃成。

午後一時許，革命日報社王揆一、葉浩吾（總編輯）兩君來談該報近況，聞每月開支亦須三千六、七百元，因報紙運送不便，價格綦昂（每令二十元），而工人做夜工亦須津貼也。

四時許李仲武、徐道鄰、楊濟民諸君乘機來筑，晤談殊歡，總顧問羅第亦來。

接秋陽函，並附來家書二通，及三姪、六弟、公弼、黎叔、孤帆、靜公等來函及慶譽函並報紙等。

傍晚接暢卿函即覆。覆秋陽電，許其返滬一行。

摘閱外交報告（宗武寄來），並閱日文報紙消息。

擬覆汪、于（孝侯）各一電。

　閱報至十二時寢。

5 月 4 日

　六時四十分醒，思再假寐不可得，即起。李仲武君來談航委會情形。

　核文四十餘件。擬電四件。摘呈及代呈（吳主席函）三件。

　核閱行營第四處送來俄、德、英、日文報譯件二十餘件。

　今日因睡眠欠缺，頭腦昏悶，心跳亦據，甚不舒。

　十時侍委員長接見省黨指委，到李次溫專員及指委陳惕廬、周達時（鎮遠人）、平剛（紹璜，貴陽人）、傅啟運（肇文，安順人）、錢慎公（省女師校長，貴陽人）。據錢君言，此間學生不放暑假，暑期略減少課業兩小時，因氣候不甚熱，無放假必要也。又言，貴陽以外有省立二中至八中，但經費補助每班年二百元。

　午後小睡一小時，五時起，覺精神稍佳。作第二十三號家書復細兒一書，明日寄渝發出。

　致凌惕安函謝贈書。夜十時三十分睡。

5 月 5 日

　晨七時半起。

　昨晚代呈黔省府吳主席一函，「省府及各構關接收

伊始，臨時必要開支，在在需款，擬請飭發五萬元以應急需」。奉批「照發」。即將原批及函面交晏主任核辦。

偕吳先生及辭修、端納等遊陽明洞，戴參謀子奇、楊醫官濟民、徐秘書道鄰同遊。九時出發，十二時到，自筑至洞約一百餘里。盤桓一小時許。在君子亭小憩。略進食後，並在洞前及祠堂門前攝影，仍乘車循原路回綏署，已五時矣。茲記其略如下：陽明洞寶即陽明謫居之地（龍場驛），在今修文縣城之西（仲公言今修文縣治，即昔日之龍場驛也），洞為文成講學休憩處，較西湖水樂洞為寬，中多石乳，洞之左側為何陋軒，文成所居也。洞之東南有君子亭，文成於亭之四周植竹，故以君子名。今邑人就亭北建文成公祠，祠壁及軒壁多石刻，錄陽明詩文多首。餘無足觀者。記祠壁聯語如下，以見黔人追慕之深。「此地雖小洞天，棲遲謫官，甄陶民物，是為黔學先河，想見樹人如樹柏。我公有大勛業，勘定寧藩，警懍思田，猶屬師儒餘事，不因專閫作專祠。」

夜與道鄰談，核文九件，擬電二件，十二時寢。

5月6日

晨六時一刻醒，六時五十分起。

九時許仲公來談黔靈山為筑城勝景，上有寺為赤松禪師創建，赤松者明末遺老，入清後不屈而逃于禪者也。

稚公及禮卿先生亦來行轅，約委員長同往，參加典禮，稚公甚消瘦，頗慮之。

　　十時偕辭修、旬樵等同往參加擴大紀念週及省府各委就職典禮，因得觀省府，據謂此係貴州舊撫署，內有梅園，略有花木池沼之勝，築洋樓一參座，登樓四望，萬山如揖，青翠襲襟袂間，周西成所築也。其他部份破敗不可名狀，大堂上懸有民眾頌德之匾聯，完全清代舊衙署模樣，而雜以革命人物如黃、宋、伍（秩庸）、唐等之肖像，相映成趣。十時半就禮堂行禮，稚公代中央，委座代國府致詞。本日宣誓者：吳、曹、李、葉、朱及秘書長張棟，禮成小憩，委座赴南門外閱兵，余送稚公回寓。

　　核文二十件，擬辦四件，核講稿一件。

　　本日頭痛、牙痛、心跳併發，兩次試眠不入睡，苦極矣。

　　午後葉元龍、朱仲翔及綏署科長黎漢耀來訪。漢耀中政校畢業生也。

　　接幼炯函，知發起國民經濟建設協會，即覆一電，請改會名，閱已核之渝件，頭緒繁多之至，不知委座何以堪此也。夜服安眠藥，十時即就睡。

5月7日

　　晨八時三十分醒，八時四十分起，睡眠已足，諸病若失。唯仍略有頭痛耳。

　　核文三十九件，與毛、鄭約定，以後凡事屬政治而涉及軍人者，均由余閱後再送往晏主任閱後交辦。於文之右上角書：「送晏主任核閱後交組」字樣。擬辦電稿四件，

刪定備譯之講稿二件。

致秋陽一函，又覆公弼函，希望其仍在報館服務，均交飛機寄渝。今日有機去，道鄰、濟民均回渝。

惕安先生函贈黔南叢書二集，第二集中多關於貴州之掌故。端納來詢關於王陽明事。

第二處同人事奉准加給或批給津貼者：蕭加二十元，熊四十元，廖給四十元，胡二十元，王加二十元。

五時參加侍從室匯報，決定以後侍從室職員非奉准不能自由乘用飛機。

夜辭修來談甚久，知其家庭簡單，皆由譚夫人能節儉明大義之故。辭修有弟二人：曰願，字正修，在兵工署；曰敏，字勉修，在倫敦大學習經濟。

閱黔書二卷，清德州田雯著，田字蒙齋，一字編霞，康熙間黔撫也。貪讀不覺夜深，十二時寢。

5月8日

晨七時半起，本日核文四件，擬電稿二件。

第二處送來孔部長敬電，為預算事，九時親呈委員長核。

摘錄軍費預算概黨如下：

（一）二十三年度預算

1.	軍務費	332,990,000 元
2.	粵桂湘協餉	21,600,000 元
3.	軍事教育費	15,000,000 元
4.	軍事建設費	14,000,000 元
	合計	361,990,000 元

（二）二十四年度預算（擬編報）

1.	軍務費	350,000,000 元
2.	粵桂湘協餉	21,600,000 元
3.	軍事教育費	20,800,000 元
4.	軍事建設費	14,000,000 元
	合計	406,400,000 元

（三）二十四年擬編報較二十三年度增加四四、四一〇、〇〇〇元

（四）據軍委會軍政部等聲覆實際需要數三八七、五三〇、〇〇〇元

1.	財部直撥	131,930,000 元
2.	需署現領	242,400,000 元
3.	需署不敷	13,200,000 元

尚有憲兵司令部、鞏分廠、中央軍校、洛分校等不在其內。

關於預算事，委員長有手稿，先行電商曹次長、周署長即交汪秘書發。

閱續黔書（武威張澍撰，自序有曰：邊方之官，非有為不足戡亂，非有守不足服人，非久任不能諳土俗）。

黔中明代以前之文人學者，見予續黔書者摘記如下：

一、成覽字長通，牂牁名士，與司馬相如為友，作令組賦、集錦賦。

二、尹珍字道真，自以生于遐裔，未踐庠序，乃從

許慎受五經，師應奉學圖讖，還鄉，教掩南州，以是知學孝桓，時以經術起用，歷尚書、丞郎、荆州刺史。

三、平夷傅寶夜郎尹貢，亦有明德、歷尚書郎，彭城相，號南州人士。

四、明代有馬心菴、陳五栗傳關洛之學，清平孫文恭名應鰲通經術，著述甚富，仕工部尚書，思南李少參，篤學有文詞。

夜作函數緘，一致大哥，一致黎叔，一致芷町、伯鷹轉暢卿，並發二十四號家書。十一時就寢。

5月9日

晨九時起。

孔部長魚稽滬電，「請通令冀魯豫三省禁止硝私」，寄渝請秘書長合核。

呈閱楊來魚戌電，「復支午機黔電，遵即通電各省，重申服工役與查報荒地之前令。惟查服工役辦法，各省多已遵擬實施辦法，具報行營，頃已電第五處查案列簡表補呈鈞閱。宣傳時期，當時未經規定。意工役既在今冬開始舉行，則宣傳似以在秋間舉行為宜。關于查報荒地，擬俟屆六月六日報齊時再彙列呈核」。

核文十餘件。

徐恩曾兄自京來，午前十時半來訪。摘呈外交報告（宗武來）。

致滄波、天孫、吟蓉各一函。接徐軼游函，為馮簡

教授（君策）研究無線電動力事，即覆請與詠霓、在君
接洽。

接家書（五日發）附小兒照片兩紙。接天孫書、次
行書、海壽書、秋陽書（附貢華電彝鼎函）、周天健書、
王式圖（鯤徒）書。

晚委座宴省府各委、柳參謀長及郭司令，六時諸君
先後至，在余室談甚久。斗室之中，高朋滿座矣。與禮
卿、辭修作長談。準備行裝。十二時三十分寢。

5 月 10 日

晨七時起。

為委座擬電劉主席（昨晚禮卿先生所囑）調皖二區
專員王鑄人來黔，面呈核定即發，並電暢卿。

今天本擬隨行去滇，後因機少人多，支配不易，予
遂決定第二批再去。

稚公來，與之詳談一小時。伊告我在歐兩次旅學之
經過。

正午委座出發赴滇，稚公同行，晏、毛、何諸人均
同去送之門首而返。

禮卿先生來送行，因委座已去，就予談良久而去。
所談均黔財政情形。

偕柳際明參謀長、郭思演師長往南京路觀苗民出游。
今日為四月初八日，附近苗民年年此日必大隊進城，游樂
一天。據云從前尚有跳舞，近來則唯吹簫結隊閒遊而已。

　　朱仲翔來談，知將回京一行，託帶去致志希一函，又上大哥一函。作第二十五號家書，明日寄。

　　今晚天晴，上弦之月掩映庭園林樹間，景色甚美。與辭修並坐綏署庭中，縱談身世，忘夜之深。歸寢又十一時三十分矣。蔣先生在二十年時即戒我輩少談話早就睡，迄今不能改也。

5月11日

　　晨五時半聞號音驚醒，因恐乘機疲頓，假寐至七時半起床。

　　八時略進早餐，收拾行囊訖，留書別辭修及柳參謀長。已而綏署李參謀處長（名恆華，字禹邨，河北人）及梁德耀科長均來送別，九時半乃偕朱仲翔、梁德耀兩君乘車至平遠哨機場（德耀必欲親送機場，辭之不得）。車身敝舊，機件亦劣，自貴陽至機場共五十八里，行一小時四十分始達，在航空站小憩，至十二時波音機飛到，即登機起飛赴滇。今日天氣晴朗，機行平穩之致，在機中作（二十六號）家書一，又致四弟函一，託飛機師白利君Barry君帶渝投郵。一時十分後行抵滇省境內，飛昇上空，始覺震盪漸劇。數次突降，甚覺難耐，幸未嘔吐。二時許抵昆明，承航空處副處長張君招待入處小坐。雲南日報記者何維世（伯舉）首至機場問訊，航空處長戴永華亦來談，其時余耳中震盪，晤對甚艱難。二十分鐘後，龔仲鈞廳長代表龍主席來迎，省黨部書記長裴存藩及指委陳廷

璧、楊文清，又團務督練處副處長馬軫（少坡）均先後來迎。遂與裴存藩君同車進城，暫寓金鑄九公館。與稚公同寓。金公館對門即東陸大學，委座及侍從人員均寓此。何侍衛長以稚公一人太岑寂，故在金公館為余闢一室，使稚公朝夕有伴。金公館前有曠庭，樓臨「翠湖」，風景優美，空氣亦清新。坐未定，雲南日報採訪主任李振武（冠東）君來訪，竟以余為訪問消息之對象，略談十餘分鐘。覺熱甚，呼水盥沐，略進小食後睡一小時。即電杭報告安抵昆明。

四時五十分往行轅，見委員長交下關於國民訓練材料一件，囑寄辭修、力餘二君參考。

五時三十五分往五華山省府謁龍志舟主席，晤黃蘅秋先生于其客座，略致寒暄而歸。

七時偕稚公往省府，參加公宴，晤袁樹五（嘉穀）、王竹邨（九齡）、由夔舉（雲龍）三先生，及省府張西林（邦翰）、建廳長丁又秋（兆冠）、民廳長及周惺甫（宗嶽）委員、警備司令楊夷齋（如軒）、總部參謀長廖品卓諸人（滇總部僅設有秘書主任，無秘書長，係趙宗瀚字澄甫擔任，蘅秋云）。蘅秋並為介紹省府秘書長袁藹耕（丕佑）與余相見，賓主暢談極歡，散席回寓已十時，與稚公略談即寢。

5月12日

晨六時十五分醒，以昨晚被蚊擾未安眠，假寐至八時乃起。

九時半龔仲鈞君來訪，談滇省教育情形。十時許黃蘅秋偕省黨部指委陳、楊、裴三君來訪，談約三十分鐘。已而民國日報記者趙正雲、楊亞寧兩君偕雲南日報何維世君來訪，所詢問者多不得要領，知此間新聞界之幼稚也。聞國民日報社社長為汪頌魯，予尚未接晤，不知其識解何如。

十一時軍官分校籌備員牟廷芳（黃埔一期）、嚴家誥（同校六期生）偕三十八軍特黨部籌備員兼書記長石子雅來訪，與嚴君談軍官分校情形，謂地址已勘定在講武堂原址，擬招生六百人。四百為普通中學畢業生，二百為軍官補習班，招各軍現役尉官以上者入伍教練之。經費月約三萬元，中央已允撥每月一萬元云云。諸君去後，蘅秋遣使以書至，贈希古堂詩文集一部，其先德笛樓先生之遺著也。

十一時三十分，張西林君來訪，已而省府秘書長袁藹耕偕雲南大學校長何瑤（元良）來訪。何談雲南大學設三學院：

（一）文法學院，設史地、政經、法律三系；

（二）理工學院，設數理、土木工程、礦冶三系；

（三）醫學院，僅設專修科。

礦冶、土木兩系學生出路最廣。現全校學生二二八

人，經費滇幣每月六萬元，合國幣約七千元，可謂廉極矣。尚不知其內容何如？時已正午，即邀三君共飯，飯菜中有乳扇一盂，乃牛羊乳結酪後入油熬之，成片形，如扇，故名。昆明特有之饌，他處未有也。食之亦甚甘美。午膳後三君去，午睡一小時。

仲鈞送雲南通志、續雲南通志稿及備徵志各一部來，皆假自圖書館者。雲南通志為王文韶（雲貴總督）所修，都一百九十二卷，光緒二十年刊行；續雲南通志稿為魏光燾（雲貴總督兼署滇撫）督修，都二百四十二卷，光緒二十四年刊于四川安岳縣。相隔四年，刊行兩種志稿，不知是何原因？檢續通志稿已缺第一冊，亦不詳其故也。備徵志為滇南浪穹王崧（樂山）撰，搜羅宏富，自正史紀載，以至私家野乘，關於滇事者均按時代分卷輯存，體例最佳。聞尚有滇繫一書，為趙州師荔扉（範）所著，亦有關滇乘之重要著作云。

三時許王夢菊（九齡）先生偕王申五（兆翔）中將來訪。夢菊曾任北政府教育總長，申五鄂人，現任二路總部軍訓委員會主任，自言士官畢業與雲竹主任為同學云。二君為談滇垣附近之古蹟甚詳，約四十分鐘辭去。方送客出門，而中央社駐滇記者張曉天來訪，詢以工作，似亦不甚了了。張去後將滇省黨務狀況摘要呈委員長。又接何敬之佳電稱：新疆鐵路事梅津在津未談及，即呈閱。

五時偕稚公赴黨部，參加各團體之公宴，薛總指揮伯陵自富民應召來此，亦與會，晤談極歡。在座者並有市

長陸亞夫君，匆匆一握手而已，未及詢昆明市況。並得
識四軍副軍長陳芝馨，粵人字生廷，衡秋並為介紹省府繆
委員嘉銘字雲台，聞繆君兼笲省金融事，就詢富滇鈔票
情形。據談，富滇創自民元，初時發行額六百萬，討袁
之役增發，以應軍需，達一千三百萬。其後陸續增發至
二千六七百萬。市價當現幣，後經二六政變，乃由六千萬
增發至八千餘萬，則市價亦由四折跌至值滇幣二折矣。
嗣經整理陸續收回者四千五百萬，現在未收回者約尚有
三千七八百萬云。

七時許公宴，設席于省黨部大禮堂，參加團體九十
餘，有僧道數人，亦代表參加，共設九十餘席，與宴者約
千人，熱烈之況，前未曾有。予座次在第三席，同席者民
廳丁廳長又秋、財廳陸廳長子安名崇仁、教廳長龔仲鈞、
外交特派員王禹枚（占祺，紹興人，聞來滇二十年矣），
鹽運使李君、馬處長（軫）少坡及高處長蘊華等。席間與
丁談縣政，聞雲南今年新建一縣，共為一百十二縣。仲鈞
談教育經費，謂紙煙附加稅可收滇幣六百餘萬，專充教費
云。宴畢，由省指委張西林代表致歡迎詞，委員長答詞，
希望雲南成為工業省區，八時歸寓。

今晚此間各小學校及童子軍舉行提燈會表示歡迎，
隊伍皆經行轅大樓台階下，九時赴行轅往觀。參加提燈行
列者省師附小等男女學生約七千人，均精神活潑，行列整
齊，隊伍站定後奏樂舉手敬禮，唱黨歌，高呼中國國民黨
萬歲，中華民國萬歲，蔣委員長萬歲，委員長作簡單訓

詞，後魚貫過台前而退。

　　十一時三十分始回金公館，呼水洗澡畢即寢。

5 月 13 日

　　晨七時起。

　　今日熱甚，夾衫一襲已足。據滇人云，在昆明以此為最熱之天氣矣。

　　八時三十分偕稚公步行赴省黨部，參加擴大紀念週，到者約千三五百人，樓上下座俱滿。由委員長講演：（一）希望雲南積極猛進為工業上之建設；（二）希望雲南人士保持惇樸厚重之特性，發揚民族固有之道德；（三）希望提倡體育以鍛鍊體魄，造成活潑迅速精神，為青年教育之主要目標。散會已十時一刻。即偕稚公回寓。擬慰問汪先生疾電稿一紙。略進麵食，即偕稚公出遊。

　　十一時一刻由寓出發（出小西門），先赴大觀樓公園，僅十餘分鐘即達大觀樓，為楚僧乾印結茅修習之所，舊名觀音堂。清初寺燬于火，康熙時滇撫王繼文始拓地建樓，名為大觀。道光間增為三層，登臨眺覽，滇地湖光，盡收眼底。入民國後迭有增築，十一年撥歸市府，改建公園。斯樓有孫髯所題百八十字之長聯（曾收入縣部館楹聯景話）。稚公言，樓之得名，蓋由斯聯之力為多。在園內游眺攝影兼啜茶小憩，約四十分鐘。十二時二十分出大觀樓公園向西行，往游碧玉泉。此泉在安寧縣境，為有名之溫泉，距昆明約六十餘里，路尚平實，唯間有數段在改修

中，據導游者云：過溫泉之路可由省赴楚雄線之枝線，均
就地民工興築，朱益之先生助經費，益之安寧人也。車行
殊苦顛簸，約一小時四十分始達其地。今為一小村鎮，略
似南京之湯山，唯其整潔乃遠遜之耳。余等到後，先至所
謂煖露寺者，亦即溫泉湧出之地。中有三池，一為普通
池，其二則為兩特別池，男女各一池。稚公先入浴，余繼
之。導游之熊君堯天，亦就浴焉。溫泉之水較湯山溫度略
低，可不參涼水，前傳含鐳錠質，經化驗知不確，唯含有
炭酸化合物甚多，而無硫質云。在溫泉小憩，觀其壁上嵌
有陳用賓之安寧臨溫泉一律，係隆慶戊辰所書，又有一小
碑，紀修復煖露寺經過，謂明時楊升庵謫戍全齒，濯此泉
而樂之，名曰天下第一湯。今寺門外即揭此五字為門額。
浴畢至溫泉小館小憩，進食。溫泉旅館為滇軍前軍長王斐
章之別墅，今租賃與商家營業者。特等房滇新幣三元二
角，合國幣一元六、七角云。未幾安寧縣長王西平來談，
四時二十分乘車回。六時許抵寓，胡蘊山先生來談，留與
共飯，飯後，閱備徵志二卷。

　　十一時就寢。

5月14日

　　晨七時起。頗感疲憊，以昨日步行十里，車行百餘
里，且車中三人同坐，稚公及陪游之熊君皆身軀壯偉，約
佔座位容積五之四，而僅有五分一之地位，介處其間，車
行又震盪，故頗吃力也。

上午天陰欲雨，氣候驟涼，約差十度以上，向午稍開霽，正午日出，又覺暖。

八時三十分繆雲台、張西林二君來。繆君續語余以滇省幣制現況，謂國幣含純銀八八、四，滇幣含純銀五○，故國幣一元應當滇幣一、七六元，今比價有以一、九○當國幣一元者，其差額為匯兌上之關係，欲刺激出口貨，間接以繁榮地方耳。其言甚辯，然余不敢斷言其合於金融原理也。

九時裴存藩君偕李希平（培炎）運使來。李談雲南產鹽，除自給外，從前並可供給貴州、四川及廣西。今唯貴州之盤江八屬及四川金沙江以此若干縣仍銷滇鹽，若廣西則已不銷售矣。

裴君等去後，省指委陳存壁君偕昆明市執委羅家一、華封豫及昆明縣執委李鑑之君來訪，羅兼任省黨部宣傳科主任，華兼組織科主任。與羅略談此間新聞界情形。據謂，民國日報每月經費僅滇幣三、○○○元。何敬之來電報告因白堅武、胡恩溥被刺事，日軍部又有藉口尋釁之勢，華北漸緊張，即呈閱。

卅八軍特黨部書記長石子雅來談良久。謂龍總司令所屬有六旅，第一旅劉懋卿，二旅安思溥，三旅龍雨蒼，五旅魯道源，七旅龔子益，九旅張冲，每旅二、三團不等云。

午後二時，偕稚公外出訪友，先至王竹邨處，未遇。繼至袁樹五、周惺甫、由夑舉三君處，均小坐而出。穿翠湖公園往訪龔仲鈞于教廳，值外出，留刺于廳役。旋又往

訪黃蘅秋于高開華處長宅，亦未遇，遂雇車回。

疲極小寐。

李冠東又來訪，刺探新聞，可厭已極。如此記者，真天下未有也。雲南大學教授熊子容來訪，熊為湘人，據談滇大教薪殊菲，校長月薪一千一百元，合國幣一百一二十元而已。

夜閱滇大一覽，摘要呈閱。又閱備徵志三卷。慶祥來，略談即去。發暢卿電，詢皖專員事。

十二時寢。

5 月 15 日

晨七時起。

第四組送來電四件，列表呈閱。繕就滇大概況，即交汪秘書轉呈。

九時許赴行轅，與慶祥、殿翹、玉龍談，並見委員長，報告兩日內之見聞。

龐更陳（炳勳）軍長來電，告母喪，奉面諭擬電覆慰，並給喪費五千元。又汪先生來電，告對駐日大使人選及張公權之職務問題意見，即呈閱。閱陳主席來電，為民廳事，原件呈核。

十時，侍從室會議，余簽到而未與會，因奉命招待昆明教育界人士也。十一時委員長接見滇大校長、院長及昆明中等以上學校校長。到龔廳長、何院長、鄧院長鴻蕃、傅訓導主任銘彝及昆中、昆師、農校、工校等校長、

教務主任等十七人，談約二十分鐘，十二時回寓午餐。

黃藹秋先生惠贈烏銅雕刻花瓶一件，約值滇幣百五十元，合國幣則十五元，殊精美。

中央社記者張曉天二次來訪，並送來發公電底稿，閱之尚穩妥，與談社務久之。

嚴傳誥君來訪，談滇省軍政情形甚詳，並為余詳述二六政變及六一四政變以及民十八年三月事變之經過。林臥薪、何玉龍來談。林、何去後，小睡五十分鐘。

袁樹五先生來訪，此公極健談，與稚公商量教育問題，往來問答，滔滔不斷，余旁坐靜聽，甚覺有趣。樹五對浙事亦殷殷垂詢，余告以浙圖書館近況，彼聞之大慰悅。

昆明市市長陸亞夫來訪，談此間市政建設，謂昆明市人口約十六萬人；一切基礎均係張藎鷗（維翰）在滇時所定。現在市政經費每月約國幣一萬五千元，多係省庫支給。其中教育經費每月約占四千餘元，辦理小學三十二所，據調查：全市兒童入學者已達百分之八十以上云云，亦難能可貴矣。總部副官長陳君來訪，晚飯後去。古招待員送來昆明縣志一冊。乃華、建程兩君來談。

夜讀昆明縣志，係光緒二十七年所修，陳陋無足觀。

讀袁樹五先生所著滇繹二卷。

十二時就寢。

5月16日

晨七時二十分起。

擬呈要電四件，列表呈閱。四組來摘呈報告一件，李元凱對滇邊務及軍政意見，即呈閱。

作第二十八號家書，待有飛機寄出。又錄三保太監鄭和父墓誌銘，擬寄大哥四弟一閱。

十一時何元良校長來，約同赴省教育會、省教育廳及省會各中等學校之歡迎會。稚公已先往，遇于門首，相偕入內。滇省教育會房屋寬敞，禮堂可容千人以上。本日到會者有滇大師生全體，省會各中小學校教職員，省立昆中、工校（土木科單科學校）、農校、鄉師及市立昆明中學高中部學生約千五百人。由龔廳長主席，稚公演講「工業化聲中應有之知識」。余亦被邀致詞，固辭不得，亦略陳對于教育上之所見，人多堂廣，聲音不能提高，僅十五分鐘已覺氣竭力疲矣。二時散會，攝影畢，遂歸。

午後黃藺秋先生來談，此間夷族生活情形，謂迤西一帶，涉于神秘之傳說太多，有所謂飛頭鳥及人變馬、人變貓等傳說。言之鑿鑿，殊可發噱。

省師校長宋謀歐君來談滇教育界情形，謂有郜重魁字幼顯堪任滇大校長云云，不知是何用意也。

五時赴小吉坡雷宅，應周惺甫、王竹邨、袁樹五、雷夒舉四先生之宴。同坐有胡郁生、趙澄甫、高藴華、黃藺秋及王外交特派員禹枚。胡、趙均今日初見面，胡為劉甫澄之代表，今任省府參事，趙名宗瀚，任總部秘書主

任，為滇名士趙藩之子，態度至靜穆。胡則言論風生，譚楊增新軼事甚詳。又談川江三峽，從前航行之險，因客未齊，談話相待歷二小時許，然多聞所未聞者。如黃衡秋談龍濟光殺革命黨於觀音山，楊增新殺士官生滇籍三人於宴席上，以及王元枚君談滇緬界務始末，均饒有興趣。而王君所談滇緬界務尤與外交有關係。據謂薛公使初時所進之圖，與續進與英人會簽之圖，疆界大不相符，在外交上當然應以後者為準。然如照後者，則我之失土殊多。又言，據彼觀察，英人對南段必退讓，對北段必堅持云云。七時入席，飯後諸人仍邀坐談，稚公健談不斷，至十時許始歸寓。

自記講演詞一篇，送龔仲鈞交各報發表。

就寢已十一時四十分矣。

5 月 17 日

早七時起。

接秋陽來電，知十三由漢回滬，定二十一、二日回抵漢口云云。

二組送來電四件，連同昨到之汪電為實業部工事一併列表呈核。

中央社記者張曉天君來詳談，並囑指示以後工作要點，告以宜注意此間產業及建設方面消息，尤應多多報告邊區狀況。

續接孔、何、汪、劉湘等來電五件，擬辦呈核。新

滇報記者某君來訪，未接見。

袁樹五先生贈備徵志一冊、滇繫一冊，又雪山詩選一冊（雪山詩選者，明麗江土司木公所著，楊升菴選輯，詩雖不甚佳，出之土司之手，亦甚難得）。又手書贈詩四絕，懷舊之情溢於楮墨間矣。

今日委員長往游溫泉，余以前已往浴，未同往。午後看書，熊子容約晚餐辭未往。

夜樹五先生過訪，談杭州舊事良久，乃去，送之門外，見月色皎好，徘徊久之。與稚公坐月下談往事甚久。

今日來電特多，容去後又辦九件，均明日呈核。

5月18日

晨七時起。

范石生師長來訪。此君今舍兵談醫，極瀟灑自得。

研究軍費預算問題，摘錄參考數字，並擬意見，附孔部長來電，呈核。

十一時許隨委員長同游西山，稚公亦同往，黃蘅秋、范旭東（石生）師長及高蘊華均同行為導。十一時十分由行轅出發，至楊升菴祠下車，換乘藤轎登山。先至華亭雲栖寺，舊名華亭寺，建於宋時，元延祐中重建，為天目山中峯禪師之支派。禪宗入滇，此其開山始祖也。寺宇宏敞，並參觀其所謂海會塔者，為僧眾火化後藏骨之所。累次為石函，無慮千餘。出寺復至太華寺游覽，有縹渺樓可臨眺滇池。該寺佛像最美，在萬頃一碧樓廳。午餐後仍

以輿登三清閣，為一道觀，清初重修，位置絕佳勝。聞後有石室曰龍門、拾磴而上，極高峻，石廊、石屋乃至神龕、樑柱、桌爐、神像均鑿一石為之。歷師徒二代乃成，洵大工程也。四時下山，乘小汽輪渡昆明湖至大觀樓，乘車而歸。

辦電文五件。明日呈核。

夜疲甚，十時半就寢。

5月19日

晨七時起。

外交特派員王禹枚君來寓，略談而去。據謂旅滇浙人以紹屬為多。

九時許委員長命先去光華體育場。今日星期，召集教育人員及全市中學生在彼訓話也。場為舊督署之箭道，較杭州湖濱公共運動場為大。先至省師小憩，九時三十分開始訓話。參加者龍主席以次各軍政長官及各校教職員三五二人、學生四千二百餘人、軍事教官三十二人，服裝一律白色，繫皮帶，女生白衫長裙，整齊之至。訓話約一小時，攝影而歸。

午後因擬辦之件同時發下甚多，擬電十九件，自二時至六時三十分，勉強辦完。憊甚。

七時偕稚公去李宅，應裴、陳、楊諸君之約晚餐。小坐二十分，即至威遠街龍宅晚餐。九時許至公餘雅集社觀滇劇。楊如軒（夷齋）司令招待殷勤可感。該社係黨政

人員組織，有國術、京劇、滇劇等部，今晚特為我等演滇劇「告廟」及「三擊掌」，最後一劇為「梅龍鎮」，則四平調也。滇劇與川劇均有類似紹興高調處，唯滇劇似較靜穆耳。至十二時半始回寓。得十九、二十號家書。

今日太繁冗，夜眠不適，又苦熱，四時始入睡。

5月20日

晨八時起。昨睡眠不寧，今晨覺頭昏異常，稚公去省黨部講演，因未同往。接楚傖效電，為四社事。

覆允默一書（第二十九號）與二十八號家書，同時寄交袁副官有便機帶去。

接貢華、傅珠各一函，道鄰兩函，又附來教育人員訓話材料一件。

接電六件（兩件原件呈查，三件列表呈核，一件存），致楊賀一電，囑招待諾那呼圖克圖。

龍席儒君來談約一課鐘去。小睡半小時醒。雲南畫家王鐵聾君來訪。

傍晚六時赴牟嚴諸君約晚餐於外交特派員公署，晤劉永祚（紹卿，為軍分校籌備員）、潘少武（字壯飛，軍委會督剿員）。公署位置幽美，四壁均為我國字畫，佈置甚得體、知王特派員胸襟不俗。據云數年前雲南地震，公署幾傾圮云。九時一刻餐畢，赴行轅一轉，諸君紛紛收拾行裝，將赴貴筑，予及稚公擬偕蔣夫人遊簡舊，均定明日行。

十二時寢。

5 月 21 日

晨七時起。

摘呈李次溫請撥助印刷所經費，又貴州通訊社一件。

接楚傖電、公展電，又黎叔電。接吳禮卿電。書扇贈熊堯天君（省府招待）以作紀念。

陳秀山、石子雅、嚴家誥諸君先後來話別，陳贈琥珀印章及乾菜，嚴贈雲南藥品三事。

十時往見委員長，交下經濟考察報告一份，囑先為閱看；又電訊一件，即電京中央社發。

十二時與稚公在行轅午餐畢，即至滇越鐵路車站，乘特備之有軌汽車赴開遠遊覽，蔣夫人及端納顧問，古秘書等同行。委員長到站送夫人行後即赴貴陽，平等之專車十二時二十五分開，經呈貢、宜良、婆兮等站而至開遠，纔六時十分耳。計行二百四十公里，中途所經山洞數十，鐵路工程之艱鉅實為僅見。到站後在鐵道旅館休息、沐浴、進餐。鐵道警察局長馬又坡名鏌、縣長陳馨均來訪。九時晚餐，餐後往站旁街市游覽，並由東門進城游行一周，見城中房舍整齊，地面清潔，內地得此，洵不易也。十一時回旅館宿（在阿迷州旅館中記）。

5 月 22 日

昨晚睡眠酣足，今晨六時三十分醒，疲勞全復，精神亦佳。

與稚公坐鐵道旅館樓廊上啜法國味之咖啡，望滇南

山色，偶一聯想，不禁慨然。

八時與蔣夫人等同登車回昆明，開遠中學及師範生
徒均蒞站相送。八時十分車開行，一路群山奔赴，目不暇
給。自開遠向北，地勢隨車行而高。有時車行山上，俯視
溪澗，無異在飛機中下望也。過呈貢附近之揚宗湖時，天
際雲片掩湖水作紫色，其未被雲掩處，則為淺綠色，景狀
極清美。據云此地為滇越路之最高點，高出海面二、〇
二五米突。自呈貢北行，向昆明又逐漸降低，至昆明則為
一、九〇〇米突云。二時十分車到昆明站，即回寓休息。
三時袁樹五、高蘊華諸君約偕赴翠湖之阮公堤上合攝一影
紀念。攝影畢，閒遊街市理髮，並在某滇館晚餐而歸。飯
後袁、周、雷三君來訪。

接飛機寄來六弟、幼炯、宗武各一函。理文電數件。

十二時就寢。

5月23日

晨六時二十分起。

錄由夔舉先生送來「石達開在川被擒紀略」附會昌
打箭爐間里程道路。

袁藹耕君來話別，約常通信。曲木藏堯又名汪濟西
（西康夷族、中政校學生）來談。

由夔舉先生贈爨碑，高蘊華先生贈過峯（相傳過峯為
建文化名）畫蘭。裴存藩君贈爨寶子碑，滇人情意稠疊，
至足感也。

　　志舟主席贈稚公及余大石屏各一件，留書壁謝。為高蘊華題擔當禪師畫冊。

　　午後作留別函十四緘。三時偕稚公赴龍公館辭行，順便到省黨部一轉。

　　五時許往袁公館，訪樹五先生話別。此公殷殷不忘浙事，留談甚久，六時半回寓。

　　七時，龍主席來訪，談及滇省錫、銻、鎢諸礦，極望經濟委員會前來開發，八時去。

　　整理什物，準備行裝，甚感忙碌。滇大校長何元良來談，陳秀山攜贈照片及藥物。

　　十時許樹五先生又送來贈四弟字一幅。

　　十二時就寢。

5月24日

　　晨五時四十分醒，六時十分起。

　　衢秋、蘊華、西林諸君來送行，石子雅亦來話別。

　　七時，偕稚公、席儒、達程乘車赴機場。省府諸君及袁、周二先生、王禹枚、何元良、范旭東諸君均至機場相送。蔣夫人乘波鷹機先行，余等乘容克機于八時起飛，與諸君握手珍重而別。念來滇忽忽兩週，黯然若不忍舍去。匪特其地可念，抑此邦人士之情意殷摯，亦足繫人思也。九時半機忽升至三、九○○米突以上，下視四週皆為雲海所掩，景色壯麗之至。容克機既平穩又極通氣，除略覺太涼外，毫不覺苦。一時許抵重慶珊瑚壩，即登輿上坡，回

農村。

　　三時往訪暢卿。晤芷町及伯鷹。即至范莊見委員長。
適稚公在彼，同至余寓，小坐而去。

　　辦電文三件，發杭州、漢口、昆明各一電，告行
蹤。核閱允默十八日來函，知詠白客死閩垣，甚可惜。夜
致吟苡哥一函，附去書籍衣料等，託稚公帶滬。在綠蔭深
處，與慶祥、芷町、道鄰、晶齋、濟民等閒談，大雨傾盆
而下。

　　至十二時始歸室寢。

5月25日

　　晨八時起。

　　昨晚大風雨，氣候驟變，睡眠中覺得骨痛神疲，故
今日起較遲。

　　軍事參議院參議邱鴻鈞（伯衡）來訪，攜有立夫介
紹函，備陳歷來任事經過，擬隨委座效力，否則請保送陸
大肄業云云。並留通信處為「道門口鈞記公司」云。

　　王次甫君來訪，詳談在豫任專員工作情形，並談川
事（王新被任命為川二區專員），留午餐後去。

　　辦電文二件，知將去蓉，因初到覺疲，請准遲行二、
三天，奉批可。

　　午後匋樵來談，知胃病較劇，且有微熱，觀其精神
殊不佳也。何北衡君來訪，談民生航務以川軍政各情形，
健談之至。約至六時始別去。余即赴侍從室開會，議決此

間所借房舍均即日結束，陶園部分展至月底。七時，委員長宴美國經濟考察團，余被約作陪。餐後，與暢卿同見委員長，至十時許始歸寓。

十一時就寢。

5 月 26 日

昨晚睡眠不甚佳，疲極而多夢，直至九時許起。

十時許毓九陪同周君適、彭城子及董貞煊君來談，彭君重慶大學經濟教授也。

十一時，李幼椿君來談，謂曾左均有信來，囑彼代候。並言左已入中央政校擔教課，與之晤談極恰云云。又詢余遊滇黔感想及彼對外交形勢與剿匪軍事之觀察，其意甚盼望中央軍能增派若干師來川，託余先為轉達云。甘典夔及沈鵬、袁濟安（巨驤）兩專員來訪均未晤。

午後小睡，比起則陰雨更甚，頗覺不舒。謝作民介紹黨務指導員多人來訪，未晤談。

委員長于午後二時飛往成都。

閱鄭介民君意德經濟考察報告，並為標點重要處備呈委員長閱讀。此書共一八〇頁，閱讀兩遍，至夜十時始畢。接果、立各一電，為四社事。

又接秋陽自漢來電。

整理雜物，坐第三十號家書，明日發。

十一時二十分寢。

5月27日

晨八時三十分起。

回重慶後，晨起無在七時以前者，氣候之困人如是。

覆立、展各一電，致果夫、公展、楚傖、希孔、立夫各一函，又致熊仲韜函，為經濟月刊索稿事覆函與之商榷。

擬航空學校畢業訓詞及武嶺學校畢業訓詞各一件。繕就後寄汪秘書轉呈。

午後小睡半小時，心緒煩惡不寧，遂起。

整理關于國民經濟建設運動之各種材料。

接立兄來電，為京市府逮捕前市民銀行行長事，即為轉電成都。

接復恆函，謂頌皋頗消極，不知何故。接述庭、煥之、培根各一函，發三十一號家書附寄照片。發廬山蔣養春一函，託代定房舍。夜往江海銀行託匯款八百寄杭州。

歸寓後整理物件，將不須應用者別置一篋，擬寄存江海，託有便帶往漢口。

十一時三十分寢。

5月28日

晨八時起。

午前準備起草國民經濟建設運動一文，摘擬綱要，覺頭緒甚繁，不易著手。

擬防空學校畢業訓詞，即電龍參議轉呈。

傍晚辭修自貴陽乘飛機來渝，談別後情形，邀同晚餐，彼擬明日往成都也。

七時後起草國民經濟建設運動之意義，九時與旬樵在電話中談，知彼病，今日較劇，擬請假暫回漢口休養，明後日不能動身。余遂決定明日往成都，因聞容克機明日只飛一次即回漢口，則後日獨乘汽車往，殊覺不便也。

致祖望一函，託買筆。閱數日來之津滬各報。

十一時三十分就寢。

5 月 29 日

枕上聞雨聲甚大，起視天色異常陰黯，念今日飛機前往太辛苦，遂決定中午。接禮卿先生來電，即為轉知惜寸。

九時五十分往送辭修動身，託其轉告委員長，予擬完成國民經濟建設一文後由汽車動身赴成都，約六月一日可到。覆立法院史、陳、楊、衛、劉諸君函，為經濟建設協會事。

康兆民君來談關於四川軍事、政治之情形及彼個人之觀察。據康言，成都紳士曾鑑、尹仲錫及周道剛均為正人，但軍部嫉視之。

十一時重慶大學校長何奎垣君（魯）及邵鶴亭君來訪，詳談甚久。何君對教部合併重大之舉，極表憤慨，揮拳擊桌，聲容激昂，余端坐靜聽，深覺書生意氣之難除也。

十二時赴唐棣之君之約，到其蹇家橋二十六號寓所午餐，晤牟貢三、梁叔子二君，並有魏子說（軍部參贊）、常誨清、楊德洵（經濟處副處長）同席。

午後疲甚小睡不醒，直至六時起床，遂患頭痛，蓋晝眠不能太久也。接大哥函，深慰渴想。又接允默一函。

夜起草國民經濟建設運動一文，未完。十一時三十分洗足就睡，久久不能成眠，大約入睡時已三時矣。

5月30日

晨七時即醒，又入睡，八時乃起。

接秋陽來電，須三日可到渝。

接圻兄、鶴皋、立夫（為石市長件）各一函。接貢華函，附來關於統一之研究二篇。

繼續撰擬國民經濟建設運動之意義及其實施，十一時脫稿。

貢華一函，附致尢退函。覆圻兄、鶴皋各一函，鶴皋函中並附致宋介紹函。

覆大哥、七弟各一函，致岑西兄一函。發三十二號家書，告昨日匯款交黎轉。

午後小睡半小時，仍略覺頭痛。

審閱五組同人研究報告等件。四時許入城，訪奚勉之。繼又至人和灣訪葉芝貴先生。

七時偕吟蓉赴東道樓，應楊德洵處長之約。席間晤聶洸（恕夫）、趙大樸兩君，皆將赴黔任專員者。餐畢到

江海小坐，楊君亦來談，十時三十分歸。閱外交評論十餘
頁，即就寢。

5 月 31 日

晨七時許醒，以無事睡至九時一刻始起。

邱伯衡（鴻鈞）君又來訪談近事，頗感慨，切望得
一實際工作以自效。

今日本擬動身，以甸樵主張遲一天動身，遂未行。
天又大雨，明日能行否，殊未可必也。

辭修午自成都飛來，謂中途幾迷失方向，後尋得長
江，始尋河流飛達。朱鐸民君亦同機飛渝，均寓陶園，午
後無事與二君暢談。

接熊仲韜函（為徵稿件）、滄波函及姚慶三函。覆
滄波函，航快寄。覆慶三函，並附誄詞。

牟貢三先生來訪未晤。接張彝鼎寄來研究報告一件，
中日提攜經濟上的利害研究。

傍晚赴東道樓應高見龍副處長之約晚餐，同席者
唐、魏、楊、范崇實、常誨清外，尚有李參謀長及張澤敫
（汗良）處長等。李君犍為人，據謂邑之得名蓋為產牛及
「為」。所謂「為」者，並非猿猴之屬，乃一種類似水獺
之動物，樓于山間，足矮而肥，肉甚美，亦略似狐。

十一時寢。

6月1日

枕上又聞大雨聲，八時起床，則雨已止，且天色晴霽，遂決定今日動身。

收拾行裝訖，赴曾家岩唐公館訪甸樵問疾。約定十一時動身後，因甸樵診病延遲，直至十二時許，始由曾家岩出發。

由重慶至成都約合華里千里，如急行一天亦可趕到，但通常均作兩天走。第一日行四百餘里，到內江縣宿。余以內江無熟人，由唐棣之、楊德洵電囑財政視察員招待，汽車則向中央銀行借用。所過之路尚平實，一時半過永川小憩，經過榮昌、隆昌兩縣均未停，沿途山川景物甚佳，農田之利，視吾浙不啻三、四倍之。六時三十分抵椑木鎮，以方舟載汽車而渡。隨行之車始到，遂同渡沱江。因輪胎漏氣，稍加修理，七時抵內江，縣長高君來迎，詢以縣政，答語含胡。晚即寓視察員辦事處，油燈草薦，久不嘗此滋味矣。

十時就寢。

6月2日

晨六時五十分醒，即起盥沐，進麵食少許，出外遊覽街市，八時三十分動身。

九時三十分過資中，產糖區域也。又數十里至球溪河，有所謂成渝第一橋者，工程亦平常，且不甚長，唯橋面為木製，與他橋之用石築者不同耳。又一小時過陽縣，

又一小時半過簡陽。簡陽舊稱簡州，至城外汽車站小憩。
道旁見小墓碑上書「病故大軍人○○○之墓」者四、五碑，
殊為特別。一時許由簡陽起行，約一小時於將近龍泉驛，
須越一嶺而過，汽車盤旋曲折而上，與「老鷹岩」（離重
慶六十里）之工程相似。又五十里而至成都。劉主席遣吟
開泰君來迎，並賚傅真吾與李司令劍鳴之名片，遂同車進
城，到行轅已三時二十分矣。

　　委員長招待成都耆老及各界領袖三、四十人，楊秘
書長及余作陪。晤楊燦三、康心如諸君焉。作第三十三號
家書，明日發。夜馮有真君來訪，核談話紀錄一件。

　　十時四十分寢。

6月3日

　　睡眠中頗覺骨痛，直至八時三十分起。

　　行營秘書處通報，更改電末代用字表，侍二處為（吉
6）（渲 7）（騫 8）（挺 9）（蔚 10）（廓 11）（超
12），各月依次改用。

　　尹昌衡君呈委員長自著書一種，名「止園唯白論」。
自謂會儒、釋、耶、回諸教之精義，可以達大同而致太
平。余細閱之，大抵同善社一派之言也。尹在辛亥時曾為
四川都督。

　　十時孫元良師長來訪，言所部已抵夔、萬。又晤毛
邦初君。

　　十二時見委員長，報告在渝六日間之情形，並談國

民經濟建設事。

午後三時張漢卿、晏勛甫、周從政（達夫）諸君由漢口乘飛機來此。

接佛海、鶴皋等來函，傍晚接第二十三號家書（三十一日發）。

夜間覺精神不爽，十時三十分即睡，但輾轉不成眠，一時許始入睡。到成都後似不即在昆明時。

6月4日

晨八時三十分起。

應彥深君來訪未晤，應君經營商業于成都，通訊處為總府街五七號、中新街二十七號。

二十八軍二師六旅黃旅長鰲（潤渠）呈送其祖父黃虎臣（嘯山）事略及彝軍紀略二書。彝軍者，嘯山族父黃鼎字彝封，所統曾在陝、甘、川等境平髮、捻立功者也。

核四組收文十八件。張漢卿君來談對日問題甚久，十一時張君回漢，送之門外。

午十二時辦以暢卿赴約，在醉無歸酒家午餐，為諾那呼圖克圖洗塵也。席間晤韓玉辰（建齋）君。諾那奉紅教，居佛邊甚久。在教宗上與班禪之黃教雖不同，但與班禪極接近，嘗為達賴囚于拉薩。其人通曉種族大義，在川邊常調護漢人與邊民，今年七十一矣，齒髮無改，飲啖甚健。二時餐畢歸，舉行侍從室會議，至四時始畢。秋陽自重慶來。六時赴潘文華師長（仲三）宴，晤唐式遵（子

普）總指揮及鄧晉康軍長、李劍鳴司令。暢卿、元清等有事後至，十時許始歸。

十二時就寢。

6月5日

晨八時三十分起。

到成都後精神意趣皆不似在滇、黔時，想氣候值梅雨時節之故也。

核閱講演稿十篇。鄧、傅諸君約赴城外望江樓游覽，未往。格桑澤仁來訪，未晤。

十時委員長接見鄧、唐、潘、孫諸將領，因得晤孫軍長震。孫字德藻，浙之紹興人。

午後一時三十分應彥深君來訪，談故鄉事及木師巨摩先後殂謝，彥深感嘆久之。

核四組收文五件。摘呈酆悌來電一件。覆葉楚傖電。以委座名義電參謀本部，二月份起傅少華回部辦事。

四時許毛邦初君來訪，即託其帶去三十四號家書，因彼明日直飛杭州也。

六時季陶來行轅，過余室談二十分鐘。自謂近三十年未歸故里（其舊家在廣漢，舊名漢州），此來實悲喜交集也。

接允默三日發函。又接孤帆、志游各一函。覆志游函，請緩來川。致吟蓉函，囑請苓西緩來。

摘呈外交報告及日文報紙紀事，皆高宗武寄來。

十一時半就寢。

6月6日

晨七時三十分起。今日精神仍不爽，天又驟熱，居室西向開窗，則光太強；閉戶，又悶甚不舒。

閱許興凱君關於日本情形之報告，摘記如下：

一、日本軍人之專橫：日本外交權自來即外務省與軍部共之，九一八以後，軍部勢力高漲，外務省唯軍部馬首是瞻。最近則軍部之統帥力亦弱，陸海空下級軍官（所謂少壯軍人）直接發表意見以脅制將官，于是武官、幕僚、軍艦執行外交之牛耳，綱紀蕩然矣。此輩軍人對華北之要求，即為戰事之準備。自通車、返部、通電、通航空，以至于資源之攫取，其目的直指平漢路終點之漢冶萍，及沿線煤藏、棉花等，向西為包、寧、甘、新，刺蘇俄之脅骨，慾望過大，直無滿足之可能。

二、日本經濟一般：日本近來日益貧困化。自九一八以後，準備戰爭，支出大增，全國國民所得，每年約百億圓，軍政費二十億圓，佔百分之二十（其中軍費十億圓）。財政全恃借債，歲出二十億圓左右，歲入約十二、三億，赤字公債達八億圓。日本國債已至七十億圓以上，外債二十五億，對外債權僅十五億。在金融方面：日本六大銀行所有國債約為其有價證券之半，國債與人民存款三分之一，再發行亦甚困難。至農民方面，因生絲大跌價，今年一年，在繭一項減收三億圓。因風、水、冷、旱四

災，米減收約二億圓。農民負債總額在四十億圓以上，每戶平均負債一、二五〇圓至二、五〇〇圓。

三、日本之戰爭力：仍感不足，主要為汽車不足（全國汽車九萬輛，內載貨車三萬輛）。商船多小而舊，六千噸以上之大船，僅佔百分之六‧五，五萬噸以下之新船僅佔百分之七‧五。發展最快者為航空，民間飛行機十年前僅二十九架，一九三二年有一五四架，航空路三百餘萬公里，十年前僅十四萬公里。軍用機陸海共約一千架。在原料方面，煤油最缺乏，本國所產僅及民間所用十之一一（按此語不甚確，當係庫頁等未計在內），工業仍在輕工業階段，鋼鐵機械工業不發達，汽車尚不能自造。

四、最近政治趨勢：五一五事件以後，代表軍閥之法西斯團體始終未能抬頭，政黨則漸失財閥之支持。他方面則軍人與資本家之聯合漸成，目前軍人已不反對資本家，而政黨漸沒落。兩年來，日本政治均在中間派之手（所謂新官僚政治）。中間派之團體國維會解散後，床次、後藤均擬組織新政團，無論如何，決定日本政治前途者，仍為握有經濟實力之財閥，與在軍隊、艦隊握有實力之中下級軍官。二者合，則可對外一戰，如不能合，則國內長期相持而已。

徐子休君（炯）以所著弘濟錄及英雄大事記贈委員長，余為初閱標點之。接陳貽蓀君來函，附歸黔吟一冊。接次行來函。

報載中政會議：新刑法施行時廢止懲治盜匪條例，即發一電詢楚傖。

午後天愈熱心極煩躁，將居室布置一通，用竹簾蔽西窗，又用暗色紙遮東南角強光，始勉強可居。

三時三十分往地方銀行，訪吳達詮、翁詠霓兩君，商國民經濟建設運動事。

擬致馬步芳軍長一函。馮有真君來談。鄧晉康軍長邀晚餐，以病辭謝。

七時半委員長約晚餐，為達詮詠霓洗塵也。飯後坐庭園中談川、滇、黔經濟建設及礦業開發等事，並及外交事情，至十時達詮詠霓始辭去。

十一時就寢。

6月7日

晨七時三十分起。

葛武棨君來談從前在寧夏任事之經過。葛去後蕭乃華來談。

核四組收文六、七件。修改「告川、康、陝、甘、寧、青民眾協助剿匪書」。

午後二時本擬舉行侍從室會議，以無提案，略談而散。

三時往四道街三十七號訪季陶，此為其舊居也。謁其嫂及姊，均五、六十歲人矣。季陶久客歸來，欣喜過量。余在客中見此，倍覺感慨，蓋兩年不歸官橋村矣。談至五時半而歸。便訪旬樵于其寓。

覆大哥函（附去覆黎叔函）。擬中央政治學第二、三期畢業同學錄序。

接吳思豫主任來電告，中政會審議特別刑法案經過。

十二時寢。

6月8日

晨七時五十分起。

致公展函一件，論海上新聞界事。

閱五月份新新新聞合訂本，此為小型日報，日出四張，編制謹嚴，材料精審，重慶所未有也。聞社長馬君，為軍界中人，總編輯陳君斯孝，則思想端正，有學有文，專心辦報已多年云。

十時三十分甸樵來予處，商委員長手令整飭綱紀事。旋邀何侍衛長、項組長來會談，商定要點，甸樵囑余擬報告，以兩處主任名義呈覆。項忽患病甚危，楊醫官診治始無恙。

十二時赴地方銀行，應楊燦三、潘昌猷、康心如之約，便與達詮、詠霓談國民經濟建設運動事。一時二十分客尚未齊，余不能待，遂辭歸。午後思著手修改一文，客來不已，甚厭之。孫軍長震約晚餐未赴。

四時季陶來談，旋委員長命余招待德陽、中江來耆老三人，有瞿中黃者，九十四歲，甚康強，如六十許人。其妻九十二歲亦健在。

夜甚熱，起草「誥誡川民佈告」一件。覆吳思豫主任一電。

就寢已十二時三十分矣。

6月9日

晨七時起。昨晚睡不酣適，精神頗疲。

核四組收文十五件。蔡賓牟、應彥深、郭有守先後來訪，均未晤。

田頌堯軍長來訪。田為簡陽人，新被懲處解兵柄，與談覺尚質直誠懇。聞彼過去與研究系接近，但在川軍將領中尚不失為老實人。唯治軍能力較差，張表方等均攻擊之甚力。季陶謂天下事往往如此（張為研究系）。

十一時暢卿來譚華北情形仍極惡劣，形勢轉趨緊張，憂憤無已。

午後三時，吳達詮、翁詠霓兩君來謁委座，談經濟建設事。

四時，委員長接見成都教育界。到川大王校長宏賓、華大張校長麟高、農院高巍、工院蔡家驥及大學教授、中學校長等三十餘人，發表意見甚多。委員長亦有較詳之指示，七時許始散。覆若衡電。

夜季陶來辭行，謂余近來精神較前彌佳，想因心思簡定之故，暢談良久，十一始辭去。

十二時就寢二時入睡。

6月10日

晨七時三十分起。昨睡又不足，今晨有事，不敢多睡，幸天氣涼爽，不甚覺倦。

草成「告川、康、藏、青土司喇嘛民眾書」。自昨

晚起稿今晨九時五十分完成。

十時三十分達詮、詠霓來，續談經濟建設，並同見委員長。

午刻成、華兩縣黨部同人來謁委員長，余亦參加談話。

午後發楚傖一電，說明委員長去電之內容。

核閱四組收文六件。閱英使廣州與李德鄰談話稿。

五時去奎星樓十四號魏時珍君宅，應李幼椿之約也。晤周太玄昆仲、何魯之諸君。主人魏君為川大理學院長，任物理教授有年，好哲理，精數學。太玄則習生物。晚餐後歸，已九時三十分矣。

接胡子清、志游等來函。接八日家書。作三十六號家書。核講稿一件。

十二時寢。

6月11日

晨八時起，睡眠已足頭痛亦癒。

核四組收文十五件。張子羽君來訪。接頌皋來函。本日舉行侍從室例會。

十時許馮有真君偕新新新聞總經理陳斯孝君來訪，談此間新聞界情形甚久。陳君為言：成都各報從前亦用外紙，自九一八後，乃決計全用川省所產之紙，每令價格約在八元左右，然外紙則在十元以上。故各報為經濟上打算，亦以用國產紙為便也。印刷則只有平版機，且無馬達發動云。

午後向仙喬（楚）先生來見委員長，順過余室小坐，談川大文學院情形。旋林春台君亦自委員長處來余室相訪，為言此間有王翼（幹青，川西）、熊世哲（慕顏）、曹叔寶（下川南）、張少良、希騫之弟（上川南）、湯萬宇（孫震之參謀長，川北）、朱叔癡（川東）、皆與中國國民黨有深切關係，而負一時物望者，可備咨詢也。

夜月色甚明，與委員長在庭園中小坐，談川、黔、滇各事。

十二時就寢。

6月12日

八時許起。

川教廳長楊全宇來訪。

廣西代表葉君翠微（琪）及參謀鍾佳南（紀）於昨日抵成都，午前十一時來謁委員長。

往凌雲飯店訪郭有守、顧兆麐兩督學，談川大、重大事，兩君定十四日回京。

核閱四組收文八件。函賀元靖主任，將改正各文送去。

午後二時子羽介紹林鵬俠女士來訪。林女士福建莆田籍，留學美國，畢業後赴英習航空學，游歷察、綏、甘、寧、青等處，熟習西北情形，願以調和漢回感情，再往西北努力，此來擬謁蔣夫人。

四時徐學禹君來訪。接五組寄來慶譽、彝鼎合譯軍器統制一件，彝鼎研究報告一件。

夜委員長納涼庭院，招往談話，略詢數語後，若有沉思者，屢發長嘆，知其對大局之憂思深矣。

接何奎垣、李琢仁及滄波等各一函。滄波來函謂余西行以後，胸襟較前開廓云。

十二時寢。

6 月 13 日

八時許起。

閱委員長去電稿多件。

寄凌惕安及寧波旅渝同鄉會委員長照片各一幀。

達詮等十一時又來訪委員長談察束情形、經濟建設及政治金融等事。

胡政之遊東海有一長函致達詮，摘其各重要一段如下：

一、現在軍人以荒木（貞一）、真崎、柳川等為一派，自稱正統，極為激烈。陸相林銑，則為穩健一派，荒木方面稱為校正派。兩派暗鬥甚力，另一派乘之，有舉足輕重之勢，說者稱曰整軍派，如影佐、酒井等屬之。林銑幾次舉行陸軍人事調動，將荒木分子散至四方，唯主張對華壓迫者，輒受各方喝采。林銑雖不謂然，亦殊難于制御。

二、鈴木表示，日本對蘇至為不安，對中國向背至為關懷，非有使日本安心之道，兩國終難融和，……許多人聲稱，軍部向主打倒國民黨，否認蔣氏勢力，現已略見讓步，唯須某公對日有誠意表示，不能以回避了事。大致希望聘一二軍事顧問，買些日本軍火，感情當為一變。

三、床次極言近年節制急進派之苦，廣田亦只稱當盡力貫徹政策，盼中國忍耐，勿予軍人以口實。齋藤謂本人平和意見每不為各方所諒，唯深信舍平穩進行外，無更善之法，故岡田內閣始終循彼之政策出之。……現內閣唯其無力，故暫可維持，即有變動，後繼者當為齋藤一類。唯宇垣能裁抑少壯派，但彼之出馬尚非時機。

又黃來電報告：「磯谷在平對政整會俞秘書長談，剿共固為重要，對日問題為尤重。蔣馳驅邊區，避免交涉，實屬失策。」

致楚傖、辭修各一函，為廬山暑期軍訓事。

七時往暢卿處小坐三十分鐘，同至「不醉無歸」酒家晚餐，招待葉琪、鍾紀及門炳岳三君。主人為暢卿、元靖、甸樵及余四人。飯後同至甸樵寓，元靖先辭歸，余等與葉談至十一時三十分始散。

回寓核閱四組收文二十餘件。

一時三十分寢。

6月14日

八時起。今日天氣較熱。

複閱經濟方案第五案關於幣制金融者，又周擬治標方案標點繕呈。委員長命檢呈也。

奉交存查四件：（一）修正後之經濟方案；（二）統制中國銻業原則；（三）鎢礦整理方案；（四）鎢業整理概要。

奉交審查戴送各件，目另錄。覆毋退電，囑不必來。

核閱四組收文十餘件。旬樵來談。接二十七號（十日發）家書，又接次行書。

午後子羽來訪，四時暢卿來行轅，偕同見委員長。

七時許達詮、詠霓來。八時同至委員長處晚餐，飯後暢卿亦來，談至十時去。

本日午後楊森所部在蘆山北小關附近，殲匪幹部團千餘人，俘三百人，即交路透社發表消息。

作三十七號家書，又覆頌皋、滄波各一書，明日發。

十二時寢。

6 月 15 日

八時許起。

核閱四組收文十五件。傳遠自醫院歸來，談話甚久，勸以修養身心，蕩滌煩慮。

今日起繼續注射 Bioplastina。此次之藥，以航郵寄來較尋常貴二倍。

閱委員長交下戴送各件。補閱數日來之滬報。

午後子羽介紹林鵬俠再度來訪，力繩馬仲英之愛國，余頷之而已。

曾擴情偕化之來談。擴情新自華北歸來，談日人要挾脅迫之層出不窮，聆之可憤。

晚飯後覺頗悶熱，偕濟民、秋陽同往順和街訪芷町、伯鷹，適芷町外出，與伯鷹略談即辭出，同往少城公園游

覽。少城公園面積尚寬，惜空曠地不多，茶客滿坐，道旁尤覺擁擠，覺無甚意趣，踏月而歸。今晚月色特別明淨，頗興思家之感。與委員長坐院中久之。

十時三十分寢。

6月16日

七時卅分起。

商務印書館經理張屏翰及營業主任張畏三（慈谿人）來訪，未晤。

今日星期沐浴、理髮，實行休沐生活。

十一時川紳耆徐子休（炯）、曾煥如（鑑）、徐深甫（孝剛）、周摹池（道剛）、尹仲錫（昌齡），應約來見委員長。徐、尹兩君談話較多，痛切陳詞，咸以整飭綱紀為請。尹昌衡（碩權）最後至，戴一上窄下寬之烏紗小貌，綴大紅帽結，帽簷上綴一紅玉，奇裝怪服，大聲談話，真罕見之狂人也。

午後擴情復來談政訓工作情形及華北各軍狀況。

六時應鄧軍長約至桂王樹彼寓晚餐，同坐者葉翠微、吳、翁、楊、曾、康、汪松年、門湘文、劉積之劉肇乾（朝俊），諾那等十餘人。主人勸酒甚殷為盡二爵。九時偕吳翁回回行轅。十二時寢。

6 月 17 日

七時五十分起。

達詮、詠霓今日飛機回漢。

核閱四組收文九件。九時往成華街省黨部參加紀念週。接二十八號家書。

閱萬縣慘案交涉舊卷，係自重慶關監督調來者，由秘書長送來，囑摘要交閱。

致黎叔電詢台州行政專員為何人，因海門有干涉煙商營業之舉，委員長囑去電制止也。

積擱未辦之件頗多，今日本擬趕辦，唯精神異常頹散，心思不能集中，苦極。

午後林鏡臺君來訪，交來黨務意見一件。旋魏席儒君偕邱伯衡君來訪，邱君不願于久閒秩，故由渝來蓉，必求謁見委員長，謂時事如此，正黨員效命之日也。

七時委員長約葉翠微晚餐，甸樵及余作陪，談至九時卅分葉辭去（攜去委員長致李、白函）。余返室覺頭痛有寒熱。核講稿一件。擬致俞大維署長一電即晚發出。十一時卅分寢。

6 月 18 日

晨七時卅分起。

覆果夫、佛海、晚兄各一函。致雲五、叔良一函，為推薦晚兄入商務做事。又作三十九號家書。

今日精神仍極疲頓，且覺有微熱，試之則為常溫。

而畏寒怯風，異常不舒。到成都以來，只覺與在昆明時大
不相同，亦不解何故也。

午後二時侍從室例會，以病請假未出席。

三時新疆省建設廳長高惜冰君來訪。高君曾任察哈
爾教廳長二十年，曾相晤于首都，此來謁委員長陳新疆近
事，並就余詳談。旋青海省政府委員魏敷滋君（南芳）亦
來談，魏君代表馬麟、馬步芳兩君來此，有所陳述。五時
許兩員辭去。

夜閱國防工業計劃，並為整理摘錄于別冊，約
二千四百字，凡二小時而畢。十一時卅分寢。

6月19日

七時卅分起。

為新新新聞題詞冊題字，錄管子「勿創勿作，時至
則隨，毋以私好惡害公正」，數語以規之。

核閱四組收文二十件。接志希、立夫各一電。又接
黎叔電。

閱高惜冰君新疆問題報告書，長約萬二千言，交秋
陽摘要錄呈。

外患仍極嚴重，謀我者陰謀難測，閱各方文電，憤
慨無已。

張子羽君午後三時過談良久，並為介紹傅魯維君（簡
陽人），謂其人熱情慷慨，熟於川事，而有所不為。又言
有王仲槐（發明酒精提煉汽油）、劉剛甫（習交通，留日

學生）及羅冠英（習冶金），均可談。

子羽去後，匈樵來談，關於剿匪消息發表事。劉自乾來函，約會晤日期。

六時田頌堯軍長招飲於其東二街寓所，與匈樵同往，座中有康兆民、湯萬宇、馬瑤笙、黃嘯波及李君（田之參謀長）、馮君（似為其秘書）等多人。晚飯後主人留坐，談良久而歸。十二時就寢。

6 月 20 日

八時四十分起。頭涔涔作痛，骨酸微熱，甚不舒。

核閱四組收文十餘件。覆王元虎（驫，自乾之參謀長）函，因病不能往訪。

委員長囑以後關於政治、財政各項之來去電文，應每日閱覽以資接洽。

馮有真君來談，擬在成都設中央分社。賀元清來談。接二十九號家書（十七日發）。

董顯光君來談關於四社被讓渡前後之種種情形，謂公弼決心留任，努力做去。董君午飯後乃去。

午後疲不能支，臥床偃息。應彥深君來訪，由秋陽代見。郭仲和君及四一師副師長陶繼侃攜徐克成總司令函來訪，亦未能接見。二時許覺發熱畏風。三時卅分志希自京來余臥榻上，與之談。志希為言京中情形，有此間所不詳知者。七時委員長約劉大鈞及顯光晚餐，余不能往。飯後八時，覺熱稍退，乃攜經濟建設運動文件往與大鈞談，

十五分即歸室。沐浴後遂寢。

6月21日

晨七時五十分起。熱已退盡，略覺疲倦頭痛而已。

接申之先生及蕭仲劼各一函。

立夫十七日發來一電，昨深晚始到，論南中時局，即摘呈。

核閱四組收文十二件。

十一時志希來見委員長，報告中樞最近情形。退就予談，並錄示其飛機上之近作小詩，甚自得也。

午後仍小臥休息，顯光再過訪，商量個人此後工作問題，余勸其仍在輿論方面努力。

四時接楚、立兩君託轉呈一電，即為錄呈。

閱陳余清、張友軍「中國應付世變意見書」，長萬餘言，覺無甚精意，不為轉呈。近來常有條陳意見者，多半擷拾陳言，無甚新意，其有價值者大抵十之一、二而已。士不悅學，由來久矣。道鄰、毓九來談。

暢卿送來王震等救濟金融意見書，囑余審閱，簽註意見歸之。十二時寢。

6月22日

六時二十分起。

核閱四處收文八件。致楚傖、立夫一電，請就敬之先生處閱委員長專電。

摘呈魯若衡來電，告湘中近事。

十二時到委員長官邸午餐，同坐者有劉大鈞、董顯光等諸君。商國民經濟研究所及規劃對外宣傳聯絡事宜。餐畢仍會談，由蔣夫人主席，決定以董君仍與大陸報發生關係，駐滬辦理宣傳事務。至國民經濟研究所事，由劉君規劃主持。會談畢後，邀董、劉兩君過余室再商定要點，約四十分鐘。二君別去，疲甚不支，小睡至四時卅分起。

王元虎君明日約宴，敘于李園，以病函辭。今晚委員長約向華、伯陵、志希晚餐，余以事未往作陪。

葉志希復來詳談，十時許始去。審擬關於對外宣傳及經濟研究所事。

十二時睡。

6 月 23 日

六時五十分起。

駐日武官來報告日本國內改革派，與現狀維持派對立。高橋、齋籐、牧野、內府、西園寺等均屬現狀維持派。

委員長囑余電楚傖、立夫兩君，轉告各同志勉抑感情，力維大局，於二時去電，想今日可到。

改擬「國民經濟建設之說明」一文，以連日心緒繁亂，且係改作之件久久未就，僅成大綱，俟明日完成之。

核閱四組收文十二件。作第四十號家書，託董顯光君帶漢投航郵。

午後四時許董顯光、劉季陶兩君來談。董接洽對外宣

傳及檢閱西字新聞電事，劉接洽國民經濟研究所事，兩君
均晚飯後去。致楚傖一函，介紹顯光與中宣會隨時聯絡。

夜擬中央軍校第三期高教班畢業訓詞，即刻送核後
拍發。

志希復來談，十時許始去。十一時卅分寢。

6月24日

七時起。

核閱四組收文十餘件。志希來辭行，於九時半附容
克機飛漢。

九時去純化街省黨部參加總理紀念週，十時一刻偕
甸樵同車歸。

胡靖安君來談，不相見者四年餘，覺其氣質轉移，
學問修養較前稍進矣。

閱華陽人物志三卷，志為華陽林思進撰錄，段文昌
以次至喬樹枬等八十餘人。

向午復覺不適，體微熱，畏風、頭痛、氣悶，略與
昨日午後相同。秋陽謂今日較涼，予亦不覺。

午後小睡，但不能成眠，時睡時起，乃決心不睡，
起坐作事。改正「剿匪整軍之要旨」一文，凡八千餘言。

大公報記者汪松年君來訪，汪君江蘇銅山人，久於
北平，余始以為冀魯之人也。

察東事件仍極緊張，對方陰謀未已，委員長招暢卿
及余往談良久。

夜核講演記錄三件。十一時卅分寢，覺有齒痛。

6 月 25 日

七時許起。

微熱似未退，齒痛更劇。

楊森電告，朱匪先頭隊於十二日在甲金山與徐匪會合。

核閱四組收文十餘件。起草侍從人員讀書規則。

今日身體精神較昨日更疲，右頰內之二齒隱隱作痛，向午漸劇。胡靖安約午餐未去。勉強在室內進餐後齒愈痛，以涼水漬巾擦之，乃更狂痛不可忍。久之延及右顎神經，即請楊醫官來為打止痛針，約二十分鐘後稍減，但旋又劇，復服止痛安神之藥，至四時始稍有睡意，略睡一小時，五時卅分醒，則覺稍癒，但熱仍未退也。接第卅號家書，圻兒、公弼各一書。

七時食稀飯二盅，覆校「剿匪整軍之要旨」一稿，即交汪秘書送呈。

林鏡臺君贈蜀典一冊，清武威張澍所撰。服安眠藥一片，十時卅分睡。

6 月 26 日

九時起。昨眠已足，但齒痛仍未已，且似仍有微熱。

羅尤青、邱與言、郭仲和、林鵬俠及子羽同時來訪，余以病未能久坐，略談均辭去。

錢參謀長慕尹來談，旋謝耿民來談，彼等昨日與于

孝侯同機來蜀。

昆明分校定七月一日開學，余以齒痛不能撰擬開學詞，乃託芷町代為之。

核閱四組收文十七件。接立夫兄廿四日發電。

摘呈「高宗武寄來外交報告」一件。

午後三時侍從室例會，余以病未出席，服通便藥二種。由秋陽代列席，通過讀書規則十二條。

閱蜀典四卷。核閱廬山訓練續集。

今日熱甚，室內亦只能穿汗衫，會適患病，甚以為苦。作四十一號家書明日發。

6月27日

六時卅分起。今日奇熱，晨起即覺燠熱難忍。

齒痛較昨日又似加甚，初則右下顎之齒齦作痛，向午此牙稍癒，而右上顎之最右兩牙痛不可忍，且牽及右頰神經，太陽穴亦奇痛難忍。臥床休息，則苦熱流汗。起坐作事，又徬徨不寧，同儕均勸余就齒科醫診視，予恐其主張拔去，則右顎將無齒牙，故逡巡未往也。濟民來為敷消炎之油膏。校閱四組收文十二件。伍非百君來電，言平定川亂方略已寄出十本。

為委員長擬覆一通，謝墨索里尼贈飛機，由意大使羅亞諾發，轉即出。

閱四川財政二十四年度概算，摘錄其數字于別冊，蓋收支均為八千萬以上，軍費約占六千萬。

　　午後五時許子羽來話別，言有蘇春伯（民）者，曾在龍州作事，熟于邊務，其人極忼直有熱情。

　　夜熱甚，慶祥言溫度在九十四度左右，余室殊熱，就荻浪談良久（道鄰亦來談）。十時卅分歸寢。

6 月 28 日

　　七時許起。右上頰之牙痛仍未癒，昨晚睡夢中時，為上下齒偶然擊觸，驚痛而寤。

　　核閱四組收文十二件。

　　草擬委員長告同志書，自十時起屬稿，十二時完成大半，乃牙痛大作，不復能忍，遂中輟。至晚八時續成之。

　　黃達雲師長（杰）自漢來蓉，與談撤退平津時之情況，慨然久之。

　　午後忽患寒熱、畏風、頭暈，小臥一小時始癒。

　　接卅一號家書，叔諒一長函，又鶴皋、貢華、公弢、七弟及李幼椿、伍非百各一函，又接苓西函。

　　察東事件，據今日消息，暫可解決。但秦德純仍力辭，後繼亦未定，可憂也。

　　夜作第四十二號家書。十一時就寢。

6月29日

晨八時起。

核閱四組收文八件。

今日得報告，華北豐台昨有匪謀變，嗣又接平電，知為白堅武主動，有極荒謬幼稚之通電，電末列名有劉汝明、馮治安、張自忠等，多係雜湊偽造，自稱為正義自治軍。

十一時往見委員長，呈季陶託轉之函件，並將昨擬之件（告中央同志電）呈核，午後核定，即拍電致楚傖，並轉何敬之。

夜甸樵來談華北情形及侍從室各事，至十時許始去。

覆公弢一函，詢病狀，並囑其與新新新聞可隨時聯絡，又覆鶴皋一函。

今夜本擬稍清積件，乃精神疲散，神經局部僵木，手指不聽運用，一如去年某日在牯嶺時情形，時已十一時廿分，遂寢。

6月30日

六時廿分起。

今日為六月最後一日，余此一月中小病之日多，健快之日少，希望下月不如此也。

覆貢華一函，告五組同人不必來川。又覆四弟一函。

核閱四組收文十六件，下午又四件。

九時李幼椿君來訪，勸余外出游散，並以其友人楊從仁君事相託。

　　摘呈戴件五件，又交毛秘書二件，又單獨簽呈二件，均六月十四日交下者。

　　電北平袁市長，為楊從仁事，十一時發出，即函告李幼椿君（並附去致公展函，為舜生介紹）。

　　電軍委會發表董顯光為軍委會秘書，奉委員長批，不必給薪。

　　委員長交下陳慶雲件簽擬意見仍將原件呈核，又劉、顧函各一件，交四組摘呈。

　　代委員長致馬勛臣主席（麟）一函，覆芩西、佛海、公弼、如音、伍非百、綿仲、李琢仁各一函，又致楊全宇函。今日將積疊之件理清人半，心中寬舒許多。夜十二時就寢。

7月1日

六時四十分起。

七時二十分往見委員長，交下康藏邊區地誌等舊籍八種，命整理重印。

以齒病請假，未出席紀念週（本日在四川大學舉行）。

九時移居於胡玉笙旅長宅，因行轅內所居之室西向，既偏窄又悶熱，故第一組為余另覓胡宅之東邊一室，仍與行轅相通，開一小門即達秘書室。胡宅院子寬爽，庭前有籐架可避陽光。移居既竟心思為之一舒。

十時布置居室畢事，即至都利飯店訪魏敷滋、高惜冰兩君，均值外出未晤。乃至東馬棚街二十九號訪熊慕顏君，季陶所介紹也。熊君樸誠率直異乎一般川人之以虛文縟節見長，縱談川省軍事利弊，毫無隱諱，且對近事極注意，殆亦有心人也。十一時半辭歸。

午後高惜冰、魏敷滋兩君來訪，高談新疆情形（盛世才，字晉庸、李春，字鏡泉）及對國事意見，並言川大教授有熊祖同（仲倫）化學系主任，熱心國事，極可談。暢卿來訪，談平、察事。核講稿一篇。接圻兄、冠羣、芩西、宗武、鐸民、非民各一函。閱四組收文七件。十二時就寢。

7月2日

六時十分起。

擬致馬步青、步芳兄弟一信。步青為新編騎兵第二

師師長，步芳為新編第二軍軍長兼第一百師師長。

九時到純化街省黨部參加委員長對四川各縣回籍紳耆談話會。到鄧鳴堦、賀元清及川西、川北、川西北、川南紳士約六十餘人。十時卅分回寓。

核閱四組收文十餘件。摘呈外交報告一件。摘呈與熊慕顏談話一件。

正午約魏敷滋君來談，將委員長致馬步芳函面交帶去。並詢其青海、寧夏、甘肅之情形。魏君為甘肅人，保定畢業，曾任馬閣臣（麒）之參謀主任等職。

午後三時侍從室四十二次例會，余主席，正式通過讀書規則，定下星期起實行。

汪松年君來訪未晤。六時往方正街劉自乾君家晚餐。晤王元成、段班級及其參謀長張巽中（伯言）等，督辦署秘書長杜明輝（字少裳）亦在座。暢卿、甸樵、元靖均陪座。九時歸。校正講稿一篇。作四十三號家書。十一時卅分寢。

7月3日

八時起。

接驪先電，又濟時電二則。

核閱六組收文十二件。電漢口囑張彝鼎君即日來蓉。

葛武棨君來談，將出發赴甘、青、寧一帶觀察碉堡建築情形，雜談此間近事，午飯後去。

審閱行營送來譯件四十餘件，擇其較有價值者十二

件呈閱。

覆校昨日對回籍士紳講話，送蕭乃華即付印單行本。

委員長交下從政遺規及牧令書輯要（安肅徐棟撰），囑審閱，謀付印分送地方行政官吏。

午後高晶齋來談，擬月終請假回漢一行云。

閱牧令書輯要一卷、西招圖略一卷。致琢公函為良英甥謀事。

兩日來牙痛已稍癒，但精神仍不能凝聚，作事無興趣。夜與道鄰長談，十一時四十分寢。

7月4日

七時五十分起。

皆無止、志游各一函。

核閱四組收文十四件。摘呈立夫、雪艇電一件，又志希函一件，摘呈黃溯初來函一件。

九時熊慕顏君來訪。談川省自民九以後，其以國民黨人參加軍界奮鬥者僅向育仁一人。彼自身在民九以後迄未出來任事，僅間接贊助而已。又談各軍近狀約一小時許別去。

覆子翰、曼略、叔良、志希各一函。致晚兄一函。又作四十四號家書，均明日航郵寄。

午後熊經略行營第五處長，及徐子青兩君來訪，熊君談本年度軍費預算三七一、六〇〇、〇〇〇元，實際要數為三九六、〇四九、〇〇〇元，不敷約二千四百五十萬

元。蔡賓牟君來訪。

　　二組送來情報及譯件等約卅餘件，因多屬陳舊，審閱後擬暫存。

　　閱牧令書輯要一卷。神思頹散，不能集中注意，夜與秋陽閒坐談話而已。十一時寢。

7月5日

　　七時卅分起。

　　核閱四組的文七件（二十一軍教導師師長郭勛世，字翼之）。

　　修改致遺族學校學生述黔滇旅行狀況書，蔣夫人所囑託也。

　　覆徐克成君函寄湖北恩施總部。徐君督剿鄂湘邊區，克復永尋、庸植，頗著戰績，塔臥龍泉寨為匪老巢，亦經力戰迫令放棄。近以指揮權不集中，略受小挫，馳書慰之。

　　接立兄支電，為平、察事有所陳述，即為摘呈。

　　午後委員長擬告川省回籍士紳書準備材料，擬訂綱要，俟明日完成之。

　　陳慶雲主任三七七號簽呈一件，前經擬呈，今日交汪秘書以原件寄回之。

　　檢閱舊軍政旬刊，並閱剿匪區域文武官佐獎懲條例。十一時卅分寢。

7月6日

晨六時五十分起。

接吟蓉兄函論渝市金融變動事。又接盧作孚函。

核閱四組收文八件。覆立兄支電下午七時發。

九時許旬樵來談關於首都政聞及剿匪軍事情形，並問余疾。

第二組送來唐生智密呈函一件，關於政治部分簽擬意見三條，仍寄還由二組轉呈。

濟民來談，攜有改善軍醫行政之條陳一件，囑予審酌，為修改文字，仍付還之。

閱孔財長來電，為川善後公債贖回舊債事，只允以三千五百萬為限。據暢卿之意見則謂非有四千四百萬不可，因川省舊公債總額為七千三百萬元，按六折掉換新債，必須此數。而據川省金融界自稱則謂其中血本實為四千萬元，現舊債月息分二，新債則為六厘，故頗爭持難決也。聞四千萬中有一千七百萬為軟性部分，二千三百萬為硬性部分云。

今日握管終日，起草告回籍士紳書，至晚尚未完成，天氣悶熱，屢作屢輟，十一時就寢。

7月7日

七時起。

接趙子懋函，接徐子休等公函為成屬聯立中學事。

核閱四組收文二件。自前月廿九接家書後八天未接

家信，必係航郵阻水之故也。

　　續成告川省回籍士紳書，至十二時始完。此書內容所指示事項異常複雜，所謂回籍紳士，其任務為協辦鄉邑之事，但法令上無地位，故措詞頗費斟酌，又聞各紳士中流品不齊，恐其假藉招搖，轉使政事紊亂。顧慮多端，遂難下筆。數月來筆墨之役以此文為最苦矣。全文約六千言，自昨晨至今午凡十五小時而成，小題大做，自思可笑也。

　　夜以暢卿電招往彼寓處閒談。彼對外交現狀焦慮頗深，以為全面壓迫已屆圖窮匕現之候，而國內難局又無法突破，詢予對此意見如何。予以為應有不傷根本之暫時應付辦法，就此整個退讓，或輕予決裂，皆非上策。暢卿曰，大難。並雜談川事。至十二時始歸。一時許寢。

7月8日

　　八時始起。連日嗜睡較前月為甚，午睡時間亦多。

　　九時往四川大學參加聯合紀念週。全市軍訓學生、童子軍及各屬參加會考學生均到，在明遠樓下露天舉行，合計參加者約三千人，久站烈日下，患日射病者以及發痧卒暈者約有二百人。委員長訓話歷一小時而畢。

　　十時發一電致杭州，詢杭寓安否。

　　天氣亢熱已三日不能靜心作事，續閱蜀典二卷。

　　童祥龍字青雲君來訪，童君黃埔六期砲科卒業，慈谿莊橋人，曾參加軍隊工作，今為某團政訓員。

　　夜楊德洵君來訪，談四川軍費及縮編情形，並及財

政金融現狀。又談黔中近狀，蓋楊為貴州人也。

接佛海、鶴皋各一函，又接大哥函。十時連接卅三、卅四號家書，知諸兒均已回寓。

閱四日來之申報及大公報。一時就寢。秋陽以今晨赴重慶。

7月9日

七時五十分起。

接王雲五、徐培根、陸愛伯等各一函。

核閱四組收文二十餘件。作第四十五號家書，明日發。又致吟蓉兄函。

摘呈高宗武君外交報告。接貢華、彝鼎、旡退報告各一件。

午後顏德基君來訪。顏君川人，為同盟會會員，在軍界多年曾任南昌行營參議。

今日天氣極熱，室內御單衣亦不能耐，來川以後此為第一熱天也。

侍從室例會，以無要案停止舉行一次。

委員長交下豫、鄂、皖三省預算，囑為審閱。

夜蕭青萍、桂永清來訪，八時卅分驤先、天放兩兄亦來談，諸君皆自南京直航成都。

午前十一時動身，下午六時卅分到，可謂迅捷之至。十一時諸君去。十二時寢。

7 月 10 日

七時卅分起。

今日仍極悶熱，室內戶外均然。自六日至今蓋已大熱五日矣。

核閱四組收文十餘件。接晚兄、鶴兄各一函。午後到晏宅開談話會，商移駐峨眉事。

委員長面囑三事：（一）新新新聞誤登移民教育應更正，（二）調查川報情形，（三）籌劃印刷所。

閱鄂、豫、皖三省二十四年度預算及行營審核意見，終日在數字上用腦筋，發見其中頗有筆誤處，綜其大旨：（一）對鄂，為指令增加稅收卅萬，增加營業純益三萬，核減支出十四萬，悉數增列預備費內，最為合理。（二）對皖，責成增加收入四十九萬（增支出實業臨時費六萬），增營業純益六萬（減少支出八萬四千，增加專署經費等七萬四千，加預備費九千），指定分區設署補助廿萬，公路建設卅萬，已近理想。（三）對豫，責成增加營業純益等七萬餘，而核減經常支出達三十二萬元，刪減臨時支出達十七萬餘，增專署經費等六萬餘，餘增列預備費僅四萬餘，均充各縣，分區設署補助費約四十萬元，為最不近情理。

六時天放、鍊心及桂永清來談，同至聚豐餐館晚餐。又偕天放往訪騮兄，談至十時卅分歸。十二時寢。

7月11日

八時起。今日天陰，溫度略降，但午後仍極悶熱，入夜大雷雨。

核閱四組收文八件。葉琪於七日在南寧墜馬逝世，代擬唁電二通，分致李、白及葉之家屬。

摘呈審閱行營核辦三省預算之意見，大致以多列預備費為救濟辦法，奉批照所擬辦理。

接川省府鄧秘書長覆函，為夷民教育事，已函各報更正。

委員長交下日方情報三件，囑為研究，並謂應從反面推敲之，必有所得也。

午後三時盧作孚君來訪，詳談川江航務，及對日方略。其大旨以不務表面而力圖自強為歸，然措詞極其明暢，川中友人之特長也。盧去後，熊慕顏君來訪，談彼參加革命工作經過及四川自民二以來軍事勢力之消長甚詳，惜未能一一摘記之，否則可作史料也。

驪兄、天放、鍊心、永清及劉恢先（建緒）軍長均來行轅晚餐，余及甸樵作陪。十一時卅分寢。

7月12日

七時四十分起。

接貢華來電，為彝鼎來蜀事，即覆一電，囑乘船來。

核閱四組收文六件。二組送來文四件，三件摘呈，一件存。

劉恢先軍長（二十八軍）來談湖南近狀，並邀予將來到湘一遊。

道鄰偕其夫人來訪，旋毓九亦來談，請指示工作等事。十一時甸樵來談，云將去桂一行。

閩贛、浙兩省預算，行營對贛省辦清匪善後捐駁斥，但許其債務可剔開另籌，對省原列借款一、八○○、○○○悉令刪除，則以增收入減支出辦法謀收支平衡，恐困難甚多也。

擬請假回浙一行，因甸樵將奉派南行，委員長囑余暫緩。

盧作孚君午後四時再來訪談，社會改造，約一小時餘乃去。今日黃季寬、蔣雨岩自南京乘福特機來（七時半動身，下午六時到），暢卿約在不醉無歸晚餐，余亦往談。驪先、天放來訪十一時去。

接果夫、志游各一函，又接卅五號家書，細、憐、皚各一函。作第四十六號家書明日發。十二時睡。

7月13日

九時起。以昨晚失眠，至二時入睡，故今日起特別遲。代擬輓葉翠微聯如下：

昔年鞭弭相從，智勇絕等雙，屢以神奇成偉績。

前席話言猶昨，艱危仗匡濟，何堪馳驟失元良。

附芷町、伯鷹所擬兩聯：

（芷）憶昔年楚澤相從，智勇並雄，每見揮戈成懋績。

　　　　纔幾日錦城快晤，艱危紆策，遽傳墜鞍痛良材。
（鷹）戰伐相從，昔年南鄂千軍，共識英姿照雲陣。

　　　　笑言猶在，幾日三巴一行，遽悲貞幹蹶霜虓。

　　　　十時雨岩、季寬來謁委員長，報告日本外交情況，
予及暢卿均在座，至十二時退，至予室小憩，即同往不醉
無歸午餐，賀元清主任所約也。薛伯陵及甸樵亦同席。餐
畢歸寓二時矣。

　　　　委員長交閱日本杉山茂丸氏對中日問題之意見，杉
山為日本不仕之政治指導者，年已七十餘，有左右政界之
力，廣田為其弟子，於宮中極有力量云。

　　　　聞後日即將赴峨眉，各組準備極忙碌。

　　　　今日天氣陰沉，但仍極悶熱，呼水洗澡後稍覺舒適，
清理積擱之件四、五起。

　　　　夜驪兄，天放來辭行談時局約卅分鐘，送至門首而
別。青萍亦來辭行，未晤。十二時卅分睡。

7月14日

　　　　八時許起。

　　　　蕭化之來談失業青年登記事，即分電乙藜、彝鼎詢
材料。

　　　　核閱四組收文十六件。交四組辦四件。致黎叔、綿
仲各一函。致七弟函，附致紹棣函，均明日發。

　　　　十時許蔣大使雨岩及黃季寬二君應約來見委員長。
暢卿及余均在座。雨岩報告日本方面之意見，大致側重

于經濟提攜、軍事協作等問題，對承認偽滿亦當然不肯放鬆，但外交方面人物認為可緩談。重光某次會晤亦如此說。彼臨行時廣田、林銑均曾詳談，高橋亦晤談，盼我國整理幣制。

又昭和于呈遞國書日面述深切歉意，亦是事實等語。時已十二時，即留午餐，二時始散。

午後疲極小寐，一時餘醒。閱外交情報多件。發王雪艇電，又致乙藜電，詢詠霓行蹤。

六時赴多子街應劉主席甫澄之宴。雨岩、季寬、元清均到，九時席散，即與蔣、黃同至暢卿寓所，談內外各事，諸君均健談，暢卿入夜精神彌佳，直至二時始歸。倒頭就枕，頹然入夢。

7 月 15 日

九時許起。以昨睡太遲，今晨不能早起，未參加紀念週。

核閱四組收文十八條。摘錄許興凱君日本近情報告于別冊。

審閱情報二十餘件。整理昨日談話紀要錄呈。

十一時季寬來行轅見委員長後，來余室小坐，面有喜色詢其所以，謂浙事可有擺脫之望矣。

今午鄧秘書長約午餐，座中有鄧、劉各軍事首領為蔣、黃洗塵也。余以事多函謝未往。

午後閱財政預算等各件，摘錄蘇預算概要于別冊，

已得六省資料，對照閱之頗有趣味。

接李幼椿君來函，附魏時珍、周太玄兩教授所擬川康物資調查所計劃，用費經濟，規劃極切實。

閱駐土公使賀耀組報告一下，摘記其每月經費如下：（預算）五、〇四〇元，（實支）房租一、三〇〇元，雇用土籍譯員、打字員、車夫、廚司一、四〇〇元，汽油、煤電、消耗紙、文具一、八〇〇元，書報郵費五〇〇元。

雨岩、季寬兩君來行轅晚餐，飯後坐庭中草地與委員長談至十時而去。今晚月色甚明，不思睡。十二時寢。

7月16日

八時起。

今日在會客室晤八閣活佛（巴安康寧寺）及參部邊務組郭子藩君（維屏，甘肅人），八閣贈余護身符一枚。

核閱四組收文十餘件。今晨得消息，汪先生已赴青島養病。

十時，季寬、雨岩、暢卿又來行轅會談，至十二時許始去。暢卿約赴公園午餐未往。

閱情報十餘件。發葉楚傖電，詢中政會近來有無通過重要之礦業案。

午後繼續整理談話要項，並受季寬、雨岩囑，各為繕錄一份。忽指節感麻痛，遂中輟，至七時完。

四時熊慕顏君應約來見委員長，退出後來余室詳談川軍整理情況。

六時許李幼椿君來訪，談四川教育及周、魏所擬川康物資調查所計劃，且謂因余將有峨眉之行，特來話別也。接王雪艇電，發翁詠霓電，請就近訪任叔永勸駕。

夜季寬來辭行，彼將以明日飛漢赴京，談至十時始去。作四十七號家書，明日發。十二時寢。

7 月 17 日

八時卅分起。

核閱四組收文十餘件。繼續清繕昨稿一份，交暢卿存閱。

省黨務特派員辦事處書記長周遂初來訪未晤。郭子藩來訪亦未晤。

委員長將赴峨眉，午後四時約元清、暢卿、甸樵及余會談，指示一切，並囑余於三、四日內準備偕蔣大使同往，暢卿、元清均留蓉。接鶴皋、琢堂函又本僑函託謀事。

整理五組研究報告五件：

（一）政治制度改革研究；

（二）中日經濟提攜利害；

（三）英美能否聯合對日；

（四）永田氏汎亞主義論譯文；

（五）日對華北經濟侵略譯件。

面呈委員長，並報告五組工作概況。

夜八時蔣伯誠、孫家哲（叔資）來同見委員長。孫表

示粵陳態度極懇摯，委員長示以完成統一型態之必要，希望
能在大處落墨，轉移國運，謂如此則于國于粵均有利。旋兩
君就余室小坐，十一時去。惜寸、慶祥亦同機來蓉。秋陽八
時到。接卅六號、卅七號家書及泉函。十二時卅分寢。

7月18日

六時五十分起。昨晚睡眠中聞大雷雨，時時驚醒未
熟睡。

七時卅分伯誠偕孫家哲君二次來訪，為粵飛機護照
事，即面為陳述，由委員長親書手條交陳慶雲主任照發，
即交孫君攜去。

今日第一批人員本擬出發赴峨眉，以昨晚大雨，新津
以上道路泥濘不可行，至十一時決定中止。委員長亦未行。

午後陳斯孝君來談此間報界情形及該報（新新新聞）
以後改進要點，談一小時去。

化之、毓九、晶齋、道鄰諸人先後來談，秋陽夫人
攜食物二事來訪。

今日氣候之惡劣，為向所未有，既悶又熱，且潮濕
異常，周圍似感重壓，腦蓋脹痛，呼吸亦重滯，坐臥均感
不舒。夜與秋陽閒談。十一時就寢。骨痛頭漲，不能成
寐，二時許入睡。

7月19日

八時起。今日天氣較涼爽。

接賀貴嚴公使自安哥拉來函。

以蔣夫人病，峨眉一行，今日仍暫緩。接孫家哲君函。

擬覆陳伯南一電，告孫家哲已到，十時發出。覆楚傖電，告季寬即可到京滬。

接楚傖覆電，告實部與喬治麥克班公司訂礦業合同情形。午後又去一電，續詢其條款如何。

十一時雨岩先生來訪談日本情形，及九一八以後之外交。據彼所得消息，謂真崎總監之撤換，而以渡邊錠太郎為代，乃元老整理軍紀之決心也。

擬騎兵學校二期馬術科乙班畢業訓詞，即發出。核講稿一篇，對入川之中央追剿軍軍官三次訓話彙記。

甸樵來談良久，謂川事應持平審慎以處之，並託余代擬輓葉聯。

夜孫家哲君來談，多原則上語，反覆言之，意甚懇切。余告以團結統一，只在一念轉移，願共努力促成之。

覆滄波一函，致思圻兄一函，又致黎叔函，為學素事，又覆泉函，並作四十八號家書，均明日寄，十二時睡。

7 月 20 日

八時許起。朱仲翔君昨偕周銘久（若壽）抵成都，九時來訪，談杭州諸友近況。

抄錄杉山談話一件呈覽。接閱資源委員會工作報告，錄底後送秘書長。

核閱第四組收文七件，閱財部覆簽對整理川財政及

川財政監理處組織之意見。

　　接熊慕顏，謂介公曾面囑同行，來詢同行手續，詢之委座，則謂「隨意應酬之語，非必令其同行也」。紀之以示居上位者，談話之不易。電勉盧先生，請寄聖武記三百部。

　　正午與楊、賀、晏三君公宴蔣雨岩、蔣伯誠、孫淑資等於不醉無歸酒家，卅六軍長周乾初、十三師長萬耀煌及余漢鼎、四軍軍長吳奇偉諸君均到，至二時十分始歸。閱中政會對縣市自治施行法之意見。

　　接雨岩先生電話，知彼將先上峨眉遊覽，即囑交際處為之準備一切。

　　與楊醫官談月來骨痛心跳又作，彼勸余注射砒鈣澳素合劑。作函三緘。十一時服藥就寢。

7月21日

　　七時卅分起，接果夫函，囑為子羽請求一名義。

　　核閱四組收文四件。近日來文特少，想係各方面聞將赴峨眉，故不寄來也。

　　今日本擬將國民經濟建設文件起早就緒，但提筆輒覺心煩，久久不能就，良以此事在目前殊非必要，且余於經濟又非素習，原計劃及意見發動于西籍某顧問，其中多非余所贊同也。

　　委員長囑擬一電稿，令中央各師軍官士兵捐餉賑災，後知參謀團已辦，僅將來稿核改而已。

午後呼理髮匠理髮，並就浴。覆袁市長電，為平法院詢某君事，並函幼椿。

五時蔣伯誠偕孫家哲君來辭行。孫君殷殷以通電相約，彼等均以明日行。蔣乘飛機，孫由公路赴渝。

夜間無事作第四十九號家書，與昨日寫就致外舅函、大哥函及鶴皋函均交明日郵航機寄發。自滇垣寄函後，已兩月不與外舅通信矣。十一時就寢，睡不酣、屢醒，二時後入睡。

7 月 22 日

七時五十起，睡眠殊苦不足。

孫、于、居三院長有長電論時局，主先謀團結與統一。

今日委員長動身赴峨眉，侍從室職員半數同行，余擬第三批動身前往。

以近日苦熱心煩，今日決心休息不作事。王次甫、沈之萬兩專員來訪。

與秋陽談良久，彼為某事與其夫人齟齬，詳切譬慰之，其意始解。

午後芷町、伯鷹來。久不與兩君暢談，倒屣迎之。兩君皆健談，自內外大勢至行營近事，傾臆縱談約二小時而去。芷町狂態猶昔，伯鷹以文士佐僚幕，不脫書生本色。兩君對余皆誠摯，與同室之武夫童駭氣味迥異，故余喜與兩君談，不啻沙漠中得水草也。

閱峨眉縣志兩卷。閱國聞週報二十四期。接頌皋、

黎叔來函，接卅八號家書。

接陸東函，介紹劉堃南君。劉君曾佐鄧晉康兼辦實業，尚未晤談也。十一時寢。

7月23日

八時卅分起。今日氣候轉涼，昨晚大雨故也。接李次溫函。

核閱四組收文五件。致禮卿先生函，託仲翔帶去。接李幼椿函，附贈所著書。

十時朱仲翔君來談，對黔建廳頗有自告奮勇之意，任事之勇可佩，惜其自知不審也。大抵西洋學生多看不穿名利關頭，然亦因出國前無根柢之故，若翁詠霓即偈乎遠矣。

午後中央社成都分社主任馮志翔來談，知蕭蔚民已入貴州通信社，頗能合作。

五時許李維果君來訪。李君昨自南京來，將隨天放去德使館任事，攜來宗武一函，並談首都近狀甚詳。余與李君僅晤二次，未與深談，只唯唯而已。嗣道鄰來談，謂李在國外時極用功，基礎尚佳，學問不壞云。李琢仁又來函（為介紹川一師校長），簡單覆之。行政機關用人，局外如何強干乎。

夜作函數緘，致黎叔、貞柯、頌皋、雪艇、果夫（附還丁瑞馨件），又作第五十號家書，均明日寄。十一時寢。

7 月 24 日

六時起。今日又覺悶熱。

核閱四組收文七件。接委員長電囑購書,意其在山中習靜,將讀書自遣也。

連日心思異常散亂,無法凝定,今日更甚。乃暫置一切工作,休養半天,覺稍好。

梁德耀自貴陽來訪,知二路總部人員均四川綏署一部職員,仍留黔,貴州通信社已由省黨部接辦。

午後暢卿來訪,約三小時去。有三事囑轉陳:

(一)陳公洽談話,(已電何);

(二)黎任民來川晤談之情形;

(三)懲治盜匪條例,擬另訂剿匪期內處理盜案辦
    法,仍送中政會通過後頒布之。

閱讀峨眉縣志,其流寓類之人物有:陸通(即楚狂接輿)、譙秀(晉)、杜鵬舉、李白(唐)、范鎮、蘇軾、孫知微(思邈)、黃庭堅、范成大(宋)、方孝孺、楊慎(明),中有數公僅一登臨而已。唯清時有蔣超(虎臣,金壇人)卒於峨眉白虎寺云。

夜無事,閱求己錄三卷,此書署蘆涇邁士編,或謂陶拙存所著。十一時寢。

7 月 25 日

七時卅分起。

侍從室第二批人員今晨出發赴峨眉。

劉慎九君持苓西兄介紹函來訪，劉君名靜，曾任漢陽兵工廠管理員，現任兵工署股長劉鏡如君之弟也。

閱任乃強君所著「西康圖經民俗篇」（任君南充人），任君久于西康，多親歷之談。其中所記「支那名稱之由來」謂康藏呼茶為「甲」，華人為「甲米」，中華田「甲拉」，拉地也，即謂茶所產之地也。陸羽茶經「其名一曰茶，二曰檟，三曰蔎，四曰茗，五曰荈」。蓋我國古音因呼茶為檟，番人所呼之「甲」，實檟之譯音也。藏人嗜茶若命，故以茶代表華人華地。阿剌伯感受藏語，亦呼中華為甲拉。復傳于歐洲，其音微訛，而為 China 矣。

今日天又悶熱，余心之煩懣不寧莫可名狀，腦筋漲痛，一如某年在杭州暑假中之情形，再四推究心煩之原因，終莫名其妙，亦無法寧定下去，直至晚九、十時許天氣透涼始已。

覆四弟、六弟各一函。覆王部長雪艇及翁詠霓電，接立夫電，對中樞空虛極焦憂。十一時寢。

7月26日

七時卅分起。

接楚傖先生電。覆立夫電。電峨眉告行期。

準備赴峨眉各事，整理雜件，登記應做而未完之工作，竟有十餘件之多。計余自來此以後，工作並不甚繁，而廢弛至此，固由月來氣候悶熱，亦見精神衰頹之一般也。離家遠行，於公既無補益，於私徒多痛苦，近三日來

常澈底自省，深覺余之性質絕不宜於管理事務與主持機關。蓋既短于支配之才，又每存求全之意。凡自身能了之事，則瑣細必親，或承接稍繁之件，則遷延擱置。此五、六月以來，凡交下之文字工作，罕有延擱至一日以上者，而其他文件或組務，則十九廢置。憶前曾為介公言，只適宜于擔任最終之單位，至今思之而益信。

午後李幼椿來談良久，對于國事頗切殷憂，謂中樞鬆弛至此，即無外患，亦將自潰。與楚傖、立夫來電所憂如出一轍也。閱西康圖經。作第五十一號家書明日寄。十二時寢。

7 月 27 日

七時起。

今晨澈底自省余之短處，不一而足，憤世太深而不能逃世，此一病也。自待甚高，而自修不足，此二病也。既否定自身之能力，而求全好勝名心未除，此三病也。憤激之餘，流於冷漠，對人對己均提不起熱情，甚至事務頹弛，酬應都廢，而託於淡泊以自解，此四病也。對舊友新交，親疏冷暖，往往過當，有時興酣耳熱，則作交淺言深之箴規，無益於人，徒茲背憎，此五病也。對於後進只知獎掖，不知訓練，又不知保持分際之重要，對於部屬，只知涉以情感，不知繩以紀律，此六病也。對於公務，不知迅速處理，又不能適當支配，遲迴審顧，遂多擱置，此七病也。手頭事務不能隨到輒了，而心頭時常牽憶不已，徒

擾神思，益減興趣，此八病也。受病已深，袪之不易。但既不能逃世長往，則悠悠忽忽，如何其可。急救之道宜從簡易入手：一、戒遲眠；二、戒多言；三、勿求全；四、勿擱置太久（五日一檢查）。其在積極方面：安詳豁達，宜學幾分大哥之長處；熱情周至，宜學幾分四弟之長處；處事有條理，宜學幾分黎叔之長處；交友處世，不脫不黏，宜學幾分佛海之長處：循此行之，庶寡尤悔乎。

九時許道鄰來談，言彼現在讀明史，甚感興趣，並述張乾若（國淦）所論之讀書法。張君以為讀古書遇卷秩太繁者不必全讀，例如二十四史最宜先讀明（清）史，此須全讀，其餘各史，只擇其重要者如兵法志、刑法志、天文地理志讀之。以觀各代之變遷，又必備歷朝紀事本末一冊同時閱之，對各代之大事，識其起訖之大概，而後就每一事件中之中心人物的傳紀詳細讀之，則興味濃厚，而所得亦多云。

因閱峨眉志載有范石湖紀遊詩，購石湖居士詩集讀之。其游峨眉山所作約二十首，考其時蓋將去蜀時，始挈朋侶往游，似為一償夙願也者。然則彼時峨眉之險峻難行，必尤甚於今日也。

接三十九號家書（二十三日發），知余十七日所發函二十二日始到杭，氣候惡劣，郵航亦受影響。

夜讀石湖詩，十一時，就寢。不能入寐，蓋遲眠已成習慣矣。

7 月 28 日

七時起。接詠霓、果夫各一電，又慶譽報告時事一電。作五十二號家書，明日寄。

日前電何侍衛長，原約今日去峨眉，嗣聞委員長上金頂，須五日後可下山，余亦體倦，憚于行動，遂未行。

午後接山上電話，則謂委員長今日已下山，雨岩先生亦即回成都矣，遂決定兩日後去。

接公弼函，述報館近狀，對杜、魏極推崇，謂杜極有志，魏頗有材幹。又接天放函告南京近狀，謂宋人議論未定，金兵早已渡河，今之首都並議論亦無之，遑論其定不定，以今視宋，危狀殆猶過之也。近來此種悲觀論調隨處可聞，以予視之，了無足異，蓋自民國二十年時，早已伏其萌兆矣。

午後起草國民經濟建設之意義一文，至夜十二時勉強完成十之七。此文自六月二十三日與劉君大鈞商定後迄未起草，嗣以委員長仍欲發布此文，幾次試作，提筆輒廢，此次發心為之，又已數日，終提不起興趣。蓋余意經濟建設應由政府負責行之，不必有此文也。文字之役輒與心違，甚願世世子孫勿以筆札為生活。十二時十五分就寢。

7 月 29 日

六時十分起。

讀完昨所起草之件：「國民經濟建設運動之意義及其實施」，既成自視牽強處不一而足，無可修飾，聽之而已。

　　十時往善羣學社第一招待所訪雨岩大使，談峨眉之游，謂上山之路險峻難行，遇陡絕處，身在輿中，幾如倒掛。彼此行前後四日甚覺疲憊，並談日本近事，十一時辭歸。

　　午後無事小睡至四時半起，讀石湖詩集二卷。接四十號家書，貞柯、六弟各一函。

　　閱二十五日大公報編日本陸軍大異動後之軍部趨勢，記其要點如下：

　　（一）實際上之荒木系，為真崎甚三郎、秦真次、柳川平助（前陸次，今第一師團長）等數人，幾經審慎，今始排出中樞，足見林銑十郎之穩重。

　　（二）此次少壯派有力分子如石原大佐、影佐、花谷兩中佐，或調任中央部要職，或配置于關東軍內，不失為統制派得勢之證。

　　（三）日軍部在荒木、宇垣兩系抗爭最烈時，部內有所謂統制派者，以松井石根大將為首而建川美次、小磯國昭兩中將和之，林氏部下之軍務局長，永田鐵山少將向與建川、小磯合作，以制真崎一派，今傳東條英機將被重用，東條與永川為同志，今後統制派必抬頭，對理想的邁進必更積極矣。十一時卅分寢。

7 月 30 日

　　七時卅分起。

　　明日決定去峨眉，整理物件，並電山中同事，準備居處。

　　十時往參謀團訪賀元清主任，告行期，略談即出。順道往順河街訪暢卿，知尚未起床，芷町亦不在寓。遂至東馬棚街訪熊慕顏君，熊君對軍事、政治等均有欲建議之處，且謂下月擬至峨眉一游，余囑其可將所見以書面陳述，時已正午，遂歸寓。

　　午後天時又轉悶熱，微風不動，炎燠難耐，余室未備寒暑表，計當在九十五度以上也。

　　四時劉堃南君來訪，陸東兄所介紹也。劉與鄧晉康軍長同鄉，曾任縣長，曾辦學，又任川教費管理處事三年，談川事甚久，對現狀不滿。川人輿論無真是非，每以派系為向背。余初見面不能下可否，但告以欲川事上軌道，非一朝一夕所可見功。如四川人因求速而失望，則真無望矣。

　　晚飯後再訪暢卿，未幾樵峯亦來，談至九時歸。作五十三號家書。貞柯、大哥、四弟、楚傖各一函。均明日寄。十一時寢。

7 月 31 日

　　將赴峨眉，晨醒極早，六時二十分即起，七時梁漢耀君來送行。

　　八時自成都動身，秋陽、亦僑、維庸同行，又侍從室會計及機要股職員一人另車同行。四十里至雙流縣，又五十五里抵新津舊縣，時已九時四十分。在渡口待半小時始得船而渡。今日水落，汽車不必涉水而行，濟河甚便，川諺所謂：「走遍天下路，難過新津渡」，殆言過其實也。

渡河即為鄧公場，又卅里至青龍場，卅里至彭山縣，又
四十里至眉山縣，亦稱眉州，時已正午。即在城內三蘇公
園稍憩。三蘇公園在眉山城之西南有三蘇祠堂，塑老泉像
中坐，東坡、潁濱東西相向，後殿為啟賢殿，奉蘇氏先代
及過、遜、迨、邁、遲、適諸人之木主。園地甚大，水
木明瑟，何子貞督學四川，曾宴集于此，題快雨亭三字。
蘇祠之前楹有室二，均署曰碑亭，中有蘇氏墨蹟，石刻柳
州碑及表忠觀碑，餘數碑皆記建祠及修祠之緣起。祠建於
明代，據碑記，則眉山蘇氏之墓及宅均無可考矣。園內復
有木假山，堂中有大三、四抱之柏樹根一座，儼然木假
山，乃後人好事者移置于此，非其舊也。祠之西北有披風
榭，在此啜茶小憩，並進午餐。此時正午日光正射極熱，
而披風榭中，涼風四至，坐久不覺倦。一時十五分後登車
行，因後車損壞，蔣會計及趙電務員均來附車，連車夫共
九人，幸車大尚不甚擠。四十里過思濛鎮，商市頗繁盛，
又九十里至夾江縣，其地以產紙名，有省貢、夾江連史，
及對方等名稱。穿縣城而過，兩旁商鋪十之五皆紙鋪也。
出城里許，即至夾江渡。此為雅河，一名青衣，江水流湍
急，自西而下，舟人以篾纜繫於上流對岸之木樁上，中流
有三小舟，均植木桿繫穿此纜於其上，而渡河之方舟，則
以牽夫十餘名，下河挽引之，以防水急滑向下流也。予等
至渡口時，對岸之舟未來，乃坐岸上席篷下啜茶待之。四
時五十分渡畢。二十五里而至雙福鎮，房屋整齊，似甚富
庶。又二十五里而至峨嵋縣，城中道路甚好，出城天氣漸

涼。十五里而至山腳，又五里至報國寺，是為峨嵋軍訓團
之團址，入門晤戴子奇參謀小坐，即辭出，乘滑竿登山，嶽
秀溪澄，樹木蓊蔚，似較廬山為勝。自山下行二十里而至新
開寺北岩五號，已七時許矣，晚覺稍疲乏，十時卅分睡。

8月1日

六時卅分起。

詢項組長知余所寓之木房為嘉屬浸禮會之產業，牧師 J. C. Jensen 所經管。

八時至潭子濱亦稱潭子坪三十五號，值委員長尚在休息，即轉至三十四號慶祥處小坐。慶祥、荻浪與侍衛長均住三十四號，距官邸約半里，往返不便可知。聞初到時毛、汪等均住官邸鄰舍之三十六號，後以端納等告住處偪仄，乃令移居云。九時仍回寓，十時再往謁委員長，報告一切，並面呈國民經濟建設之意義一文。又國民經濟研究所事，以劉大鈞主張設在上海，奉面諭須設在武漢，所長可暫緩委用。

十一時歸寓。核閱四組文件六件。辦電報二件，一蓉寄，一呈核。

午後毓九、傳珠遷往新開寺，乃華、荻浪諸君先後來談，乃華出示峨嵋紀行詩十二首，居然有可誦者。諸君去後，坐庭中閒眺久之，遙望夾江，蜿蜒可見。作五十四號家書，明日寄蓉投郵。夜古達程君來，以劉大鈞所擬研究所規程託其攜去，因蔣夫人索閱也。玉龍、化之來談久之，十一時就寢。慶祥來訪余已睡矣。

8月2日

七時卅分起。

核閱四組文八件。羅志希寄來對中日問題意見，周

太玄擬川康經濟物資調查所件，均今日面呈。

九時許道鄰攜眷上山，偕高惜冰、魏敷滋兩君來訪。接王部長電。接四十一號（廿九發）家書。

十時委員長招往談話，交下致秘書長電一件，內容：

（一）擬設四川經濟建設局；

（二）峨眉第二期訓練，擬加入行政專員及教育人員。

又談經濟建設擬從四川做起，並囑轉告道鄰，明日隨同下山。

辦電稿二件，一致何、朱兩部長，為合辦航空事；一致翁詠霓，轉任叔永勸就川大事。

四時高惜冰君來訪，談新疆事有可注意者。謂：

（一）與鮑使相當接近；

（二）宜派員前往聯絡，最好如張季鸞之類，不負政府直接使命而往，收效較大。

又商量彼個人之行止。五時去。

七時委員長約至其寓晚餐，又續談經濟建設及行營擬設經濟秘書股事，謂調查設計事可委之資源委員會，而經委會為實行機關，聯絡于兩者之間，司審核監督等責任，則應有一經濟股云云。十一時寢，遲遲未入睡。

8月3日

六時五十分起。

覆天放電，告以乘意國船出國亦無妨。

據七月二十五日滬海關發表本年一月至六月全國對外貿易情形如下：（以國幣計算）

1. 輸入

五四五、四五五、二九二元

（較去年同期減二四、三九四、五四一元）。

2. 輸出

二五九、三六九、六七三元

（較去年同期減九、一七五、〇四一元）。

入超額二八六、〇八五、六二二元。

核閱四組收文五件。辦電稿三件（二件致黔主席、教廳長，一件致顧墨三主任），又一件致潘佑強轉何浩若。

今日山上天氣殊奇特，早晨、中午及午後四時均大雨，餘時則晴，大雨之前，黑雲如潑墨。早晨之雨，兼挾狂風，其來勢之驟如雷雨，而連綿陰鬱，又如秋潦，總之是粗魯而且兇惡的，陰晴倏忽變化，在廬山亦有之，然廬山之雨不如此間之令人不快也。

委員長於下午五時下山，去報國寺。荻浪、道鄰及職員十餘人同行。予及慶祥未同往。

夜讀石湖詩集。致佛海一函，又作五十五號家書，明日寄。十一時寢。

8月4日

六時卅分起。

與秋陽往山後散步一小時，登一小亭，頗便遠眺，

八時卅分歸。

委員長據杜心如請，委高鶴飛為侍從副官，補李良榮之缺。高為黃埔二期畢業，原任侍從副官及總司令部訓練總隊大隊長、軍校教育總隊隊長。今日電軍委會朱主任照委，由蕭秘書處辦稿，以杜呈由蕭轉也。並以第二處名義通知第一處。

核閱四組收文二件，近日到文殊稀少。擬辦立夫來電一件，即返報國寺。

擬導淮講習會畢業訓詞一件。導淮講習會係導淮委員會主辦，參加講習者蘇、魯、皖、豫之淮河流域各縣學員一百九十人。

今日上午天氣陰鬱有雨意，午後雲霧稍霽，空氣較清，坐庭中久之，覺甚舒快。

接王公弢、馬星樵各一函，馬函報告其京市成績，公弢函述朝報副刊停止之經過，意殊怏怏，尤不滿於宣委會之某公，予即覆函慰解之。

接辭修來函，聘道鄰、毓九、晶齋為政治教官。

夜補閱三、四日內之滬報，心思不能凝聚，未作事。十時五十分寢。

8月5日

六時卅分起。

閱劉曼卿著康藏軺征記。此書出於女官之手，自當降格論之，其實一尋常遊記耳。

　　接閱四組收文五件。接趙子懋函。覆馬星樵函。接楚傖、天放各一電。

　　今日上午大雨不止，向午稍霽，但仍雲霧迷濛，三丈以外不能辨物。此間之霧與牯嶺相同，亦能入室內，但牯嶺之霧帶水氣較多，此間之霧則中之令人感覺窒悶也。

　　接教部王部長電，謂決提任鴻雋任川大校長，已磋商就緒，唯省府經費需撥足，即函暢卿告之。

　　接四十二號（卅日）家書，發五十六號家書，附去致諸兒三函，覆收到照片。

　　午後毓九、晶齋自報國寺上山來商量政治教課之教材。

　　起草四川經濟建設局之組織綱要，未就，摘呈梁穎文之辭函及電。

　　晚飯後在庭中眺望，見雲隙有月光，始悟今日為陰曆之七夕也。如此水災，如何得渡，天孫亦當黯然。

　　十一時卅分就寢。

8月6日

　　晨起已八時卅分，霧氣濃重，令人嗜眠遲起。

　　今年水災之重，以湖北而論，較之民國二十年時尤過之。據許世英視察後所發表，謂鄂、湘、贛、皖四省災民約逾千萬。田地被淹達十萬萬平方公里，公私損失不下五萬萬元，而冀、魯、豫尚不計焉。鄂主席呈中央之電，謂受災者四十九縣，以淹沒面積言，佔全省三分之二強，災民當在三百萬左右。又湘省所發表之調查，謂受災縣份

二十餘，被災面積二萬餘方公里，合二萬萬餘公畝，災民約四百萬云。又魯省尚未有報告，唯報載鄆城代表所談，謂該縣被淹八百村，已陸沉四百村，毀田禾八千頃，死亡二千餘人云。

核閱四組收文七件，又四組發出之電稿六件。接滄波函，又覆暢卿函。

今晨起即感覺頭痛，入午尤鬱熱，鎮日昏昏殊覺不適。

夜與秋陽閒談，並閱數日來之津、滬各報。十一時就寢。

8 月 7 日

七時卅分起。

發第五十七號家書，附去照片一幀，在昆明所攝也，接公弢一函，接頌皋函。

核閱四組收文七件。審閱四組擬呈之文電三件。接暢卿電，詢來山之任務，囑荻浪覆之。

接陳辭修君電話，謂委員長在訓練團略感不適，即電詢荻浪，知係齒痛。

十二時蔣夫人邀至官邸午餐，端納及某夫人同席，餐畢略談即歸寓。

余上山後所居之斗室既低矮又陰暗，潮氣極重，今日移居於東邊之客室，始稍寬爽。

代擬致各省注重水利行政及指示國民經濟建設要點一電，自晨九時著手至下午四時僅成其半，心思拙滯，不

能下筆，因此同文一題材已重寫三次也，遂暫置不復再寫。往山下散步約四十分鐘而歸。覺汗出，呼水擦身，晚飯後繼續為之，至十時卅分始完。內容之夾雜，文字之惡劣，為余生平所僅有，思之悵然。接外舅等來電，挽留成縣長，即為轉電黃主席。十二時寢。

8月8日

七時卅分起。

接中央秘書處來電。接恩曾來函。

閱高宗武君寄來之外交報告及日本報紙摘譯等件，擇要彙呈。

道鄰自軍訓團回山，來談報國寺生活情形及軍訓團狀況，言營幕多有被水沖毀者。

接四十三號家書（八月二日發），閱竟悵然久之。望弟來函，有脫離現在工作之意。

午後四時往見委員長，攜呈昨所擬就之電稿，略談約十分鐘歸寓。

閱華嚴經普賢菩薩行願品及其他關於普賢之修證、德相、利行、應化諸篇。

草擬四川經濟建設局組織綱要，擬候暢卿上山後詳細定之。因此機關之職權，易與省府建廳之職權相重複，或衝突，不易劃分清楚也。

夜讀石湖詩集。劉子泉君偕慶祥來訪，談約一小時去。十二時就寢。

8月9日

晨六時四十分起。

接貢華函。接中正會寄來礦業合同原件，又中央秘書處來件。

核閱四組收文五件。接立兄電詢有無飛機。接暢卿電。

委員長核定致各省政府論水利及國民經濟建設之電稿，即交亦僑等分繕數份，下午四時拍發，一面專足送中央通信社發表，並交古秘書譯英文。數月來幾經斟酌之一篇難文章今日告一段落，心中為之一快，然此後如何實行又一難題也。

今日暢晴，竟日無雲翳，潮氣大減，為上山以後最佳之天氣，雖較熱，然甚舒暢，精神為之一振。

四時卅分往新開寺招待所訪乙藜，彼昨日偕顧季高上山。顧君淮安人，熟悉本國金融經濟，近留英歸來，將謁委員長有所陳述。在招待所晤劉君實、晏勛甫、呂咸、龔孟希、劉贊廷諸君，小坐即約乙藜過余寓晚餐，談至九時許，乙藜去。秋陽以家事請假七天，赴成都，明日行。十二時就寢。

8月10日

六時卅分起。發第五十八號家書。

閱實業部與英商喬治斑所訂礦業借款合同，即四六二次中央政治會議所批准者，全文共二十二條，並無如何喪失權利之處。唯借款額只一千萬，分貸各礦，杯水車薪，

殊無濟耳。口頭報告委員長後存。

邵力子先生報告：陝省全年產食糧及雜糧三七、四二
○、○○○石，蠶絲二五、六○○斤，棉花一、○○四、
○○○擔。

草擬四川經濟建設局組織綱要，並簽擬關於經濟研
究處之意見。

十時卅分乙藜偕顧季高來寓，談金融界近況，十二時
同往見委員長。乙藜報告資委會工作甚詳，並攜有該會所
編小學國語教科書，委員長命余審查之。午餐畢，兩君仍
來余寓，談至三時五十分去。余覺季高之學問見解均佳。
傍晚，暢卿偕文詔雲、甘自明兩君上山。

八時五十分彝鼎到山，自漢至渝，水行九日，可云
艱緩。談漢口組內各事，至夜深，即留宿余寓。十一時卅
分寢。

8月11日

六時卅分起。致王雪艇電，告川大經費事。覆立夫
電，告近日無便機。託蔣和暢君匯款。

審閱資委會所編之小學後二年用實驗國語教科書共
四冊，一百五十一課，其分配比例大致：

記敘文佔百分之五十五，說明及應用文佔百分之
二十五，抒情文及詩歌等佔百分之二十二，以內容言，關
於歷史人物傳記等二十篇，地理知識與游記等二十五課，
故事寓言等卅課，科學者傳記六課，革命史料及三民主義

等十四課。略閱一過，覺編制頗具苦心，但嫌課文太高深冗長，又文學的意味太多。

十時許乙藜偕季高再來訪，與季高談經濟恐慌中我國之對策，季高並出示關於幣制金融應急辦法意見書，摘記其略，遂留兩君在寓午餐，道鄰亦同餐。餐畢再談一小時，兩君始別去。

閱顧季高關於經濟理論及幣制貿易等重要論文四篇。暢卿下山遇于中途，以信電示之。

接四十四號家書，又接貞柯、黎叔函。今夜月色頗好，與彝鼎略談。十時卅分寢。

8月12日

七時起。

繼續審閱國語教科書。

山中自九日起氣溫逐日上升，至今日更熱，中午，當在九十度左右，余之心跳病遂又引起，煩躁不寧，無心工作，即看書亦不能定心，且聞明日又有下山消息，未知須隨行否，煩悶殊甚。

接旅京浙同鄉會電，謂竄浙殘匪勢力日漸擴大，波及永康、義烏、青田、永嘉、仙居、平陽、臨海各屬，匪眾由數百擴增至數千人，不知浙省府及保安處何以匿不上聞也。

接黃季寬灰電謂慈谿縣長以戴時熙接充，即函外舅轉告諸父老。覆貢華函。

接朱經農函（求擺脫欲與鄂對調）、魯蕩平函，又
鍊心、叔眉各一函，又瀘州區黨務指導員上官修函。

致紹棣函，為望弟事並請其酌予另調一職務。致望
弟函，勸其改革不聽指揮之舊習。

夜濟民來談醫學界種種舊事。十時卅分寢。

8月13日

晨六時四十分起。發五十九號家書。

聞將有成都之行，恐臨時匆匆不及準備，預先將文
件等略加整理。

複閱高小國語教科書，簽擬審查意見七條，此書編
配亦煞費苦心，唯課文編製非成於一人之手，故於內容不
甚一貫。

十時委員長自報國寺上山，即往見，知定下午動身，
囑余同行，並交下黃埔講演集一冊，囑為審閱，擬作為精
神教育第一集。余以無暇即交李毓九君閱之。

午後二時攜維庸下山，即與慶祥望之兩兄同乘一車，
三時一刻動身，四時三刻到夾江，七時三刻渡新津，九時
到成都，暫寓胡公館之東廂。途中月色甚美，過新津時適
月落，月在半空斜映，江水景物殊佳。顧謂慶祥，後十年
憶之彌足念也。秋陽來談。十一時寢。

8月14日

七時起。

八時許秋陽自其寓所來，頗勸余乘此假歸一次。

聞飛機只有二架，僅余一人可搭乘，再四與斯太納斯交涉，余必須攜司書一人同行，九時許始聞已借好昆明機一架，遂決定將維庸排入昆明機內同行。

十時，魏席儒君來話別，魏君為侍從室第一得力人員，今調任陝省行政督察專員。

十時半赴北外機場，十一時侍委員長同乘波鷹機赴潯轉牯嶺。今日天氣晴朗，機師白爾駕駛極迅速，余事先服止暈藥，僅於高飛至一萬六千尺以上時感呼吸稍難，又將著地時耳膜作痛，其他無所苦。午後三時卅分抵潯。在九江之時刻則為四時二十分矣，養春及雨農來迎，同車至蓮花洞乘轎登山。七時許到牯嶺，寓廬山圖書館。

八時應熊天翼君之約往其寓晚餐，蔣雨岩、何敬之、張漢卿及岳軍、文伯同席。十時回寓。洗澡畢，十一時寢。

8 月 15 日

六時卅分起。

八時赴十二號行轅，至十一號慶祥兄處小坐，晤吳光杰，即天放所保之駐德武官也。

九時至上中路七十二號訪張文白君，談都中近事甚詳悉，文白謂余健康較去年進步，並謂友人中均以余不勝行役為念。但在極繁要之地，而著一毫無所謂之人，於一般觀感上不無好影象云。良友期許之言，聞之愧感。

十時卅分到九十四號訪岳軍，遇張竹平、謝蘅牕兩君未及詳談。岳軍適在客室與雨岩大使談話，予亦加入閒談。岳軍言，汪對外交辭意甚堅，恐難挽留。十一時回寓一轉，即至行轅午餐。餐畢談話，雨岩、漢卿、岳軍、天翼、達詮、敬之諸先生均參加。三時辭出，代見苗監察使培成於圖書館，談皖、贛水災情況。四時立夫自京來。五時出外訪夏靈炳君於其寓，略談即歸。偕養春赴冠生園晚餐，嘗鯿魚，極鮮美。十時歸，與立夫談至一時許始寢。

8月16日

晨起已八時四十分，因昨晚為蚊子所擾，未熟睡也。

九時楊思默君來訪，談皖省教育情形。十時，李立侯、王冠英兩君來訪，詢時狀況。

十一時夏靈炳君來訪，十二時偕立夫去文白家午餐。同席八人，有陳武鳴及夏靈炳，餘與十四日在天翼家晚餐者相同。漢卿、岳軍、天翼、健談異常，直至三時始散。回寓疲極，頹然偃臥，至五時許精神始復。即至十一號閱來去電，旋到十三號一轉，即往訪孔、宋二君。宋君有客，與孔略談，並晤傅汝霖君，談水災近況。七時許辭出。即赴蘆林三十九號，張漢卿寓晚餐。食意大利式之菜製麵條，味極腴美，即赴十三號，以暢卿來電及天翼、雨岩託呈之件繕呈委員長。十時卅分歸寓，與何敬之談。十一時呼水洗澡。十二時寢。

8 月 17 日

七時起。立夫交來柏烈武函，並送密電本一件，即送慶祥交機要股。

摘呈天放請撥使館特別費呈文一件。閱張詠霓君密呈改革幣制今非其時說帖。

發成都一電，囑秋陽令訓清東下。覆亦僑電，囑將外交報告暫存。發杭州電，告廿一二或到滬一次。發南京電，致佛海商寓處。

發有關公務電四件：

1. 以委員長名義電交部為任叔永乘飛機事；

2. 覆焦作翁詠霓電（事由同之）；

3. 以委員長名義電朱主任發梁穎文薪；

4. 電俞大維轉穎文告慰留。

十時卅分到十三號，知委員長已下山受意首相墨索里尼所贈機，即至十一號一轉。旋至五十三號訪徐鏞欽君，去年駐牯時之房東也。徐老夫婦款接甚殷，留午餐，並參觀建築，其子依秋聞余至亦扶病來見，二時歸。汪先生仍無來牯意，岳軍特往青島省視，並請回京。再發杭電，告已准假二十天。

七時許以天翼電話相約往彼寓晚餐，達詮、漢卿、文白均在座。達詮豪于飲，余亦勉盡白蘭地大半杯。九時卅分敬之偕秦紹文（德純）來訪談，至十時三刻始歸。十二時寢。

8月18日

七時四十分起，寄蕭秘書一函（附潘炳強之件）。

八時赴行轅見委員長報告一切，並面呈張文白請示之件。九時辭出，到七十二號文白家小坐，大雨如注，十時歸寓。辦發普通文電八、九件。接高宗武君函。

午後四時接電話赴行轅，旋即至醫生窪方耀庭公館內訪蔣大使問疾，並代委員長致慰問。蔣大使以驟寒暴熱患腹瀉，仍有微熱，略談即歸。適天放自京來，晤談半小時。即偕立夫赴夏靈炳君之約，晤楊耿光諸君。八時餐畢，偕往孔公館，以孔宅亦約晚餐也，在孔先生處晤秦德純、傅汝霖、劉瑞恒、吳達詮諸君，談至十時五十分始歸。雨仍不止，回寓後接允默十六日所發一函，知到牯所發電已接閱矣。

與天放、立夫、立夫諸君在閱報室閱報談話，直至十二時一刻歸睡。

8月19日

六時四十分起。

聞汪先生經岳軍勸慰後已有來滬一行之意。

發杭州成都各一電。致秋陽、貢華、毓九各一函，指示組務。發峨眉轉毓九、乃華各一電。

八時五十分楚傖由京來，即偕往行轅見委員長，知定午後赴京，委員長囑余及楚傖諸君乘艦東下，並交下手稿電二件，又經濟考察團名義抄送孔部長及河北經濟協會

各件，即回圖書館分別發出。林玉聲君知余久不嘗海味，自洵送來魚三種，收黃魚二尾，餘璧還之，請分贈牯嶺其他友人也。

午餐後一時卅分赴行轅，則委員長已先五分鐘動身矣。即回寓，與楚公約定即晚乘兵艦東下。天放、養春諸君留再住一天，婉謝之。五時別諸君下山，六時卅分到蓮花洞，七時十分到九江。先至大華飯店行營招待處暫憩，玉聲、立侯來訪。晚餐畢，偕楚公下楚有艦，陳部長厚甫來送行。臨行拍一電致實之，告明午到。九時啟椗開行，與楚公談近事久之。十一時卅分寢。天熱未熟睡。

8 月 20 日

五時卅分醒，假寐至七時許起。熱甚洗澡，汗出如瀋。

楚有艦長鄭耀恭（字叔寅，曾任民權、民生艦長），遇余等極優渥。早餐時強勸飲酒，為勉盡白蘭地半杯。餐畢，登甲板閒坐談話。十時許過蕪湖，遙望堤決處水淹村舍，情形極慘。十一時四十分過采石磯，與楚公在客廳談中樞現在情形。依彼觀察，在六中全會前，一切以不更動為宜。一時許抵下關，公弢、實之極中央社記者到部相迓，知佛海兄已為預備下榻處，但彼尚在鎮江未歸。進城後先到西流灣周宅，以佛海未到，先赴公弢家小坐。四時許，佛海伉儷來，旋滄波亦來談，六時赴軍校官邸，見委員長，囑余再遲一、二天回滬。晤枕公略談即辭去。本擬今夜十一時回滬，遂不得不展期矣。發六十號家書。並由

維榮電話告滬寓。在佛兄家晚餐，滄波、公弢、宗武、心崧諸君俱來談，同茲於十時許來談。十二時寢。

8月21日

六時卅分起。

接傅冗退電即覆令回漢。

八時偕佛海往中央黨部出席政治會議，在會場晤舊友人，不相見者半年餘矣。議決例案四、五起，通過挽留汪院長。散會時蔣先生起立致詞，略謂：國事危急，吾人唯有負起責任，認明地位，力圖挽救，勿推諉，勿責善，切不可以中央委員地位蹈從前國會議員之覆轍，使人民對本黨日益失望云。十時散會，仍回周宅。馮有真、沈九香兩君來訪，旋希孔來談甚久，慷慨陳詞，良足感動。十二時公弢、慎予、滄波諸兄來午餐，午後熱甚，不克外出，與諸君閒談。三時辦文電四、五件。五時去軍校官邸，留函三緘而出，至慶祥處一轉。旋往訪果兄，值有事外出未晤，遂至枕公處小坐，仍回周宅晚餐。餐畢小坐竹園納涼，頌皋及同茲諸君先後來訪。十時卅分果兄來訪，談約一小時，趕十一時車已不及。十二時附平浦快車返滬。

8月22日

七時起，盥漱畢，車抵南翔，望見滬郊景色，愉快不可言狀。

八時抵滬，苓西兄以車來迓，握手相勞，即同車至

福康里。知允默於二十日夜車來滬，苓西送余至里門即別。積明亦已至滬寓，似較前健碩。其他諸兒均留杭未歸也。到家詢知先父誕日。決定於明日設奠，遂定今日下午返甬。

發佛海函謝招待，又致頌皋函，致青儒、霞天、健中一函，又望兄一函。

彬史兄約午餐，以天熱事多辭未往。十時卅分六弟來，十一時次行來，暢談別後情形。十一時卅分六弟等去，予忽感暑，腹中脹悶，未進午餐，小睡至一時卅分。西亞、啟煦來訪，與西亞談滬報界近事。三時許出外理髮，四時偕允默赴輪埠搭「新江天」歸甬。次行攜子姪甥女於五時上船，晚餐後坐船舷上披襟閒談，至十時許寢。

8 月 23 日

六時四十分起，今日為先父七十誕日，在家設奠。

七時船抵寧波，即與允默及次行父女至車站，附甬曹車歸家。褚站長登車晤談，以茶點相餉。旋隨車記者翁某上車訪問。八時餘車開抵慈谿站，養生及桂貞言（正誼）君上車，蓋兩君已聞先父今日冥壽，同赴余家也。抵葉站即乘輿歸。望見家山，喜極欲涕。日前在九江舟次，楚傖戲改少陵詩謂余曰，君此時心緒可以兩語代表之，「即從巴峽穿巫峽，便下盧山向越山」是也，久別歸來，確有如此喜心翻倒之情況。十時二十分到家，尊親族黨畢集，大舅父、二舅母、阮表叔及慎三丈等均已先到我家，

五妹攜兒女三人先二日來，殷勤周至，孝思不匱，予對之
慚愧矣。大嫂病稍癒，大姊亦較前衰老，相見歡然，紛紛
詢余旅中情形，幾於應接不暇。夜與家人親友閒談，至
十一時就寢。

8月24日

六時卅分醒，聞大舅父等均已早起，遂披衣起床。

與思圻哥談恆豐事甚久，關於恒豐善後，昨已與祖
蔭叔及伍經理會談，指示伍經理三點：（一）放款除阮潤
字欠款應及期催歸外，本年底應減少放款五千元，以一萬
三千左右為度，存款按比例減少之；（二）對甬錢業只存
不欠；（三）所置不動產隨時脫售還存款。伍君面允照
辦，將余所開出之三點攜去。然能否嚴格執行，則須觀其
後也。

大舅父、思圻兄等均午前辭歸，圻兄託過滬訪琢堂
為良英謀事。

午成縣長子泉來訪，彼即將瓜代，此來訪余並辭行，
午餐後去。昨日未午睡，覺略倦，即上樓小睡。四時偕允
默、五妹攜甥女三人往謁父墓，並至應家岙謁祖父之墓。
夜叔眉兄自滬歸家來訪，談時局及滬金融界情形，十時別
去。與五妹談至十二時寢。

8月25日

晨八時卅分起。

　　啟林兄來談良久，彼任本鄉自治職已三年餘，經驗豐富，里人亦漸加欽服。從前余每次歸家，彼必詳述辦事艱難，常露退意，此次則不復言矣。詢以本村水利情形，頗思發起修掘河道，但啟兄謂非三千金不辦，若全浦修掘，則非萬金不可云。十時，偕大哥、啟兄挈二甥女赴楓阡（即土名「大楓樹」）視大哥新成之壽藏，碑文大書陳伯子玄嬰先生千秋之域，大哥所自書，而以夷谷之名義題之。其旁為玉藏、玉暉埋骨處也。歸家與舅母等話家常，章叔公來。

　　午後五時許乘輿進城訪外舅，越雞鳴嶺過皇橋。不走此路十餘年矣。少時情景歷歷湧現於心頭。至朱公祠前小憩，夕陽已下，蒼茫暮色，憑吊久之。到外家已七時許。外伯舅及謙父、清奇兩君均先至，相待入謁，外姑衰老似甚于去年，夜伯舅等去，與外舅、志謙兩弟詳談，十一時寢。

8 月 26 日

　　六時二十分起。外舅等均訝予起何早也。

　　七時諸內姪均赴學校，謁辭尊長彬彬有禮，余幾不能一一辨其名矣。

　　八時赴北門外慈谿縣中，參加開學禮，應謙夫先生之約也。萬斯出而招待，晤季調先生，不見十餘年矣。為諸生講演一小時，述慈湖舊時歷史及學風，惜聽者年太幼，恐不能完全領悟，退就謙公室內小坐，忽門者報有客相

訪，則董氏表姊為其家有商業股本上之糾紛來就余商，自其家三十餘里而至城中者。十時半回外家，李秘書光業來訪。十一時許允默自官橋來，外舅姑于午間治饌餉余等，歡然聚飲，為盡三杯。二時至車站，乘車赴甬，車站中竟無相識者。三時至寧波站，湘帆、清奇兩兄逆于月台，即同至新江天輪埠。湘帆等為余詳談南鄉抗租案，四時卅分舟啟椗時始別。今日仍悶熱，十時後稍涼，即就寢。

8 月 27 日

六時十五分起。

七時舟抵滬埠，偕次行雇車歸。次行在河南路下車，余與允默歸福康里，吟苡哥方起床也。晚梅哥尚未赴館，互道別後情況。

接蔣先生「敬」電，為代印日記事，並促余提早回川。接亦僑自峨眉來電，謂誓日送陳清下山，並報告侍從室近況。接慶譽電，無法譯出，遂置之，蓋自南京轉來者也。

午後又接蔣先生宥電，促余即入京，與天放、季陶諸先生商憲法，事畢後再赴川。

又接汪秘書日章、毛秘書慶祥電告行蹤。午後發亦僑電及秋陽電告已抵上海。

次行午後來訪，謂江海非久計，託余為留心工作，六弟亦來訪談郵政檢查等事。

夜致吟苡哥、晚梅兄等閒談，允默患微熱似瘧，整理書件，十一時寢。

8月28日

八時卅分起

午前馬積祚來訪,對五和職業有厭倦意,少年好為高遠,切戒之。柳叔生表弟來談,擬入川謀事。朋友中聞余歸滬,電話來詢者絡繹不絕,訪問者亦多。定海縣長謝任難為謀恢復職務亦頻頻來訪,屢次拒卻之,終于在途相遇,人事糾纏,真無法解脫也。

十時周丕君來訪(軍需署滬辦事處職員),十一時至將海銀行訪苓西兄,晤劉鏡如,未幾彬史亦來談。十一時卅分偕次行至商務印書館訂印日記,與叔良談出版界近況。十二時至興業坊廿七號視八妹,即在彼處午餐。餐畢雇車至五馬路合眾訪芝芳哥。三時卅分至中興煤業公司訪陳景韓,談滬上新聞界近況。五時歸,續接蔣先生來電,公展、公弼、顯光、由辛均來訪,亦青亦來託其女就業事。七時偕公展赴新亞酒樓晚餐,晤柳堂、玉書、怡生、季方、新命諸舊友。十時許攜同學錄紀念冊一冊歸。金華亭、葉如音、章正範三君於十一時來訪,暢談滬報界情形,約卅分鐘而去。十二時寢。

8月29日

八時起。

九時往江海八樓訪宋子文先生,承蔣先生之命有所晤商,並面託叔眉兄事。十時辭出至四明銀行,訪琢堂先生,與談滬金融界情形,並託良英甥事。關於四明獎學金

事，並有所請託，晤徐仲麟君。十一時至福源訪潤卿，託
其代為照料滬寓各事。十一時卅分歸，士剛、慶藩兩君來
訪。十二時卅分赴江海，旋偕芩西赴南京路新雅酒樓午
餐，同席有李祖恩、祖基昆弟及徐言欽、陳澄中、方某、
包某諸君，二時許歸寓。思圻兄來訪，並謂袁倫美君亦擬
來訪，以電話與之接談，謂即將赴杭，無緣會晤。三時又
青兄來訪，未幾沈榮山君來，兩君去後，與圻兄談時局及
私人方面應準備各事。五時卅分圻兄去。申之先生來訪，
託余以二事，轉陳蔣先生：（一）嵊山泗礁改隸浙省；
（二）中正紀念橋。七時許益弟來，略談即去。余精神憊
甚，服安眠藥一片，九時睡。

8月30日

七時起，昨晚酣睡十小時，精神恢復，不復疲倦矣。

續接蔣先生來電對於憲法事有所商榷。

趙伯揆君來訪，談南田土地糾紛事，並談近狀，殊
深身世之感，臨行託余向蔣先生前為之道地。季純之子驄
發擬往航委會服務，承其父命來索介紹書，為作函二道分
致陳慶雲、李仲武，即交攜去。東園先生來訪，為趙方婉
辭，以余不在乃請晤允默。余以東園非他人，仍下樓相
見，承殷殷詳詢近狀，慰勉備至，並力勸余看佛書，談約
一小時而去。西亞來訪，並贈食品。

作函數緘：（一）致天放；（二）致薩孟武；（三）
致梅恩平；（四）致澤永；（五）致士剛，並電亦僑告

即赴杭州。

　　二時圻兄復來談，遂不及乘三點赴杭車。圻兄去後，允默寒熱大作，遂中止杭州之行。蔣先生迭電催促，杭州又不能不去，屢延行期，殊為悶悶。夜整理行裝，並理私人簿記，十一時寢。

8 月 31 日

　　七時五十分起。允默熱未退淨，余決定今日一人赴杭。

　　苓西兄再來談，言明日動身入川，約在成都會晤，為作一函，致何侍衛長介紹。

　　此次到滬，不及訪鶴皋，以電話與之通話，知彼新疾甫癒，不日即去廬山。

　　九時十五分至北車站乘快車赴杭，車中尚涼爽，閱浙高同學回憶錄，追想童年在學情景，殊覺津津有味，追盡卷，車已過嘉興站矣。閒眺浙西景色，農作均可豐收，但村鎮蕭條日甚。二時卅分抵杭州站，探首窗外，遙見望弟著制服立站上，黎叔、再生、子翰亦來站相迎，即與望弟乘車歸小蓮莊。泉、皋二兒均在寓，樂跳躍如昔。到寓即以電話詢健中，適不在家。五時後黎叔、再生、子翰均來寓，學素亦來，同往西悅來晚餐，宛然半年以前餞別之景況也。飲酒微醉，九時卅分歸寓。細、憐兩兒及九妹均已歸，四弟偕絜非來訪，十二時寢。

9月1日

六時即醒，覺稍疲乏，仍假寐至八時許始起。

發一電致實之轉天放。

九時許望弟起床，交譯電紙二紙，一呈蔣先生，一致秋陽囑勿東下。九時後親友絡繹來訪者有學素、仲未、志成夫婦、黎叔、迪先諸兄。十一時紹棣、鍊心來訪，鄭國士偕徐培根來談，徐鴻濤、董聿茂兩君亦來小坐即去，紹棣等最後去。一時十五分始進午餐。大姪、三姪均來談，七弟亦來，關於戰史初稿印行事，交三姪與大哥接洽。午餐後允默自滬來，客來愈多，先後過訪者有魯潼平、程一戎、程鳳鳴、王德懋、汪望亭、徐旭東、錢均夫師、方青儒、張毅敷、張伯偉、盛佩蔥、李楚狂、金越光、陳貽蓀、張任天諸君。其尤使余驚者則休寧汪德光（達人）君適以事在杭，亦到寓相訪。汪君為在高校時最負盛名之同學，不相見者三十年矣，面目無改，僅髮微禿耳。抵掌高談，意態猶昔，即邀往樓外樓晚餐。黎叔、子翰、志成、祖望、學素同席。林君本僑到酒樓相訪。十時偕諸君步行歸寓，談至十一時卅分始別。

9月2日

晨八時許起，泉兒昨已入校，細憐亦今晨去上學矣。歸來相見，竟不及談話，可慨也。

章崤青、嵇季菊兩君來訪。崤青已脫離工務局，季菊擬出任縣政工作。

　　十時鄧烈蓀君來訪，談半年來浙省政及司法經費狀況。錢希乃君亦來談，希乃方在教廳計劃出一種教育月刊，定名曰「浙江教育」云。仲肩來訪未晤。

　　午後小睡一小時，睡不能熟，比醒極覺頭痛。

　　三時季俞來談，未幾識卿、君碩同來訪。繼姜心白（卿雲）君來訪，最後前醫專校長丁求真君來訪。客去後黎叔、貞柯來，予適將外出，略談後請彼等在家晚餐。余應健中青儒諸兄約，赴樓外樓敘餐。孚川先生、新甫、望伋及金、李、陳、姜、許諸君同席；闊別半載，談讌極懽。九時許回家，與黎叔、貞柯談至十一時許就寢。允默今日仍有微熱。

9 月 3 日

　　晨六時許即醒，思再睡片刻，終不能入寐，七時許起。

　　本擬今日赴莫干山，天陰如墨，恐途中大雨，遂中止。

　　今日自晨起後即覺頭暈神疲，異常不適。蓋自十四日自成都飛滬以來行旅勞頓，未得休息，而自京抵滬，回家，再由家中轉滬至杭，親朋訪問，酬應紛繁，有每日見客至二、三十人以上者，連續如此，遂成疲勞之現象。今日決定靜養，訪客皆辭而未見。發天放、孟武各一函，將關於憲法之意見抄附，請彼等先行研究。

　　午後延江秉甫醫師為允默診病，斷為瘧疾，處方二種，並謂須注射奎寧。

　　四時許服阿達靈藥片一片，思上床休息，仍不能熟

睡，唯心思煩躁略減。學素來，遂亦未接見。夜與允默談
家事。九時餘即寢。

9月4日

七時卅分起。

八時卅分偕學素乘汽車赴莫干山，天陰不雨，途中
尚涼爽。十時過三橋埠，又十分鐘到莫干山麓，乘輿由新
路上山。十一時二十分到達，寓菜根香旅館。即往五〇九
號訪膺白先生，談中央政制及憲法草案。黃君對中央政制
過渡辦法主改變中政會之性質，設正、副議長及五個委員
會，對憲法大體主張如下：（一）採兩院制，但兩院議員
之來源應絕對不同：上院代表國家，下院代表地方；（二）
中央宜用內閣制，但須以均權調劑之；（三）五院簡單
化，但審計應獨立於行政院之外。並暢談其所謂「多級總
攬制」及「方面制」之理論。十二時卅分返旅館，進餐、
洗澡，二時往游劍池，觀瀑布，即乘輿下山，順道至古天
池游覽，四時下山換車歸，五時十分到家。與允默攜樂兒
至湖濱閒步。夜黎叔、貞柯、酉生、子翰來談，九時叔眉
自滬來訪。十一時寢。

9月5日

七時卅分起。昨晚未熟睡，晨起覺得頭暈異常。

陳清昨晚攜行李到杭，秋陽不知余即將西上，將衣被
書物全部攜歸。今日上午與允默一一整理之，費時甚久。

天氣又鬱熱，甚感勞疲。

　　為本縣南鄉繳租糾紛事作伊長函致省府黃秘書長（二鳴），承故鄉父老之託也。

　　致外舅一函，附去樂兒所書一短信，藉博老人一笑。此次在慈谿，外舅屢言爾之子女均已成人，且好學知禮，老懷最為欣慰，此語言之再三，予殊願泉兒等能不負外祖父期望也。致志成一函，勸其安心職務，勿見異思遷。又覆積祚一信。

　　傍晚貞柯來索閱余之日記，謂余健康較前增進，勗勉甚至。晚飯後黎叔、子翰諸君來，今晚杭州市實施燈火管制，自九時二分至十時五分解禁。諸君別去，與望弟閒談至十二時寢。服安眠藥一片。

9月6日

　　晨七時醒，再睡至九時許起。

　　思圻哥昨晚至滬來，八時餘來寓談滬事甚久，並囑予致琢公函兩緘，均為良英甥謀事者。圻兄於午後五時始乘快車回滬，託帶去致旦文姨氏一函。

　　今日先派學素去南京，帶去致季陶、楚傖、孟武、思平各一函，又發天放函。

　　午後電峨嵋委員長，告明日由杭赴京，並電實之弟於八日晨來接。

　　七弟來談良久，託其帶去戰史稿十九冊，並留呈大哥一函，為印行戰史事。

二時卅分健中兄來談，三月間游歷日本之情形，謂舉國備戰，岌岌若不可終日，都市繁榮與農村、漁村之困疲均達極點，今後日本之歸趨如何，殊堪注意也。

今日鎮日有客，不得片刻休息，頭痛、齒痛均大作，困憊之至。十一時寢。

9月7日

晨七時卅分起。

作函數緘，分致舊友告行期。為晨報一千號紀念填具簡歷表送去。

留致四弟一函及泉、皋、細、憐四兒合一函。致潤卿先生函，託滬事，留交默攜去。整理行裝，殊覺忙碌，直至二時許始就緒。志成來寓話別。

五時雇車到車站，乘滬寧通車赴京。紹棣、健中、澤予、均夫師、黎叔、酉生、貞柯、子翰、迪先、季俞、仲未、劭成、式欽諸友均到站送行，泉兒亦到站相送。此行來杭忽忽一週，今又將遠征，臨歧黯然，無以為懷。六時許開行，十時卅分抵滬，思圻兄挈良英甥來北站相送，並為余購得羊毛衫二襲，備西行禦寒用。天放亦來談，約明日在京相晤。十一時車開即寢，天氣悶熱未熟睡。

9月8日

六時十五分起。車抵和平門，季陶遣使者來迎，以行李多，仍至下關下車。

　　七時到下關站，學素來候接，知實之弟患喉痛未來，即將行裝交學素後，予乘戴宅車往訪季陶，與談憲法要項約四十分鐘。旋季陶往唁林部長翔之喪，予遂辭出，赴傅厚崗七號訪楚傖先生。九時四十分回中央飯店。發電二，致委座及機要股告行蹤。公弨、滄波、述庭均來訪。十一時薩孟武君攜彼及思平會商之草案來談，約一小時去。十二時佛海伉儷來訪，偕赴張文白君家午餐。同席者許靜仁、邵翼如夫婦、宋希濂夫婦。餐畢已三時，乘佛海車回寓，即赴新宅區莫干路十六號訪滄波，談至五時許回寓，疲極小睡，因天氣熱悶，幾至昏暈。六時卅分強起洗澡，適溯中來訪，與同赴佛海家晚餐。頌皋、包惠僧、宗武、公弨、滄波諸君均在。餐畢談至十一時回寓。伯楨來十二時卅分去。

9月9日

　　六時四十分起。成濟安君來訪，略談即去。

　　七時卅分赴首都飯店訪天放，將薩孟武等所擬之意見交天放商酌，九時卅分偕天放同訪季陶於其寓，詳談關於憲草之意見，即在彼宅午餐，餐畢續談，至二時許歸寢。季陶對於憲草之主要意見：

　　（一）須以建國大綱、訓政綱領及約法為根據；

　　（二）須保持其永久性與獨立性；

　　（三）內容上應注意三點：

　　甲、須為積極的建國綱領，不可視為消極的制裁工具；

乙、以總理之主張為絕對根據，重要名詞不可別撰，
　　一切制度不可與建國大綱相背；

丙、法文應簡單明瞭，條款愈少愈好，不可能不必
　　要之事不必訂入；

丁、中央地方行政組織之內容皆須讓之法律，斷不
　　可在憲法內規定過詳（憲法之要旨要規定政權、
　　治權之所屬，不在其應用之組織內容）；

戊、不可忘中國為大國，不可忘民族自由為世界大
　　勢及民國之建國精神，不可過分以己所對世界
　　力爭者施之於國內各小族，不可忘中國為古文
　　明而今退步之國家，背乎治定定禮之精神（治
　　定而後定禮，今日之事，則治未定也）；

（四）本黨重要幹部及領袖必須知法律並無絕對力
量，憲法並非必為祥物，而注意於實際之知行，與
知行力之普及；

（五）憲法發布後，事實上不能即行，實施時亦不
能無限制的，同時實行於全國，故其時、地、人、
事皆須順建國大綱之意，用憲法或等於憲法之法律
制定之，並與憲法同時頒布云云。此幾點意見，在
彼寓時反覆說明，約歷三、四小時，而於根據一層，
尤殷殷注意焉。

兩日內客來見訪者有：呂蓬生、朱宗良、馮有真、
石信嘉、劉振東、洪陸東、張九如、朱雲光、蕭青萍、張
曉峯、徐逸樵、雷儆寰、張伯偉、趙子懋、駱美奐、楊霽

邲、張稚鶴諸君。

四時思平、孟武、天放三君來，即在余室開始第一次會談，交互研究原則，及蔣先生來電之意見。經決定大綱，先託孟武起草條文，定十一日上午再會談，三君均在余寓晚餐。餐畢續商，至十時十分散。滄波、公弢先後來訪。接申之先生電，詢中正紀念橋事，蔣先生意旨如何。發家書，客去已一時許。氣候鬱熱殊甚，洗澡畢就寢，已一時卅分矣。仍未熟睡。

9月10日

六時餘即醒，以疲甚又強睡，夢多而不能睡，八時卅分起。

葛君敬猷（仲勛）來，攜交黃膺白先生函，並附呈委座一函，討論憲法及中央政制。

高君宗武來談外交界近事，謂川島恐不能久，宇垣將再起云。高君去後將黃君（膺白）所擬意見詳加研閱，並補記日記。十時四十分述庭來談教部及銓敘部近事。周佩箴先生來談監察院最近之風潮，謂楊千里君實被誣。十二時許滄波、公弢來午餐，談時事新報及晨報事，至三時許始去。呈委座一電即發。接允默自滬來函。

疲極小睡一小時許，至四時卅分起，頭昏而悶，甚不舒，果夫先生來中央飯店，邀至室內詳談。五時半蘭友亦來，囑到川請示二點：（一）軍隊代表名字；（二）張部成立黨部事。七時許二君別去始進餐。夜稚鶴來訪。接

李幼椿函。十時卅分就寢。鄰室兒啼喧鬧，服安眠藥，至十二時後入睡。劉百閔、楊興勤、楊公達、沈苑明、孫鄮瞻、馬叔平、巽伯來訪均未晤。曾伯猷、孫作人、胡勵卿、王福照、沙孟海、吳頌皋、徐象樞、吳伯威、黃仲翔、程嘉垢、傅少華、孫本文、張一寬、戴應觀諸君來訪均未晤。

9月11日

六時十分為室外人聲驚醒，遂起。接鄭延卓（詠安先生秘書）、梁仲栗函，又接士剛函。樓桐孫君偕汪漢滔來訪，未晤。樓君囑校訂白高雯君所輯蔣先生嘉言錄，覆函婉謝之。

九時許俞大維署長來談兵工建設及江防注意點，兼及中國最近將來之危機，而深致慨於行政上牽掣拘束，使有心人願救國而無從，談約二小時始去。俞君湘人，其母為湘鄉曾氏，忠義奮發，卓然有以自見，朋輩中不可多得者。魯若蘅兄來訪，談黨務，十二時卅分去。午後小睡未熟，天氣悶熱更甚，揮汗如雨，讀各國憲法彙編第一輯。

四時許天放、孟武來，旋思平亦至，孟武已草成修正案一○七條，逐條討論，第二章畢；天放有事先行，余等繼續審查，直至十一時十分始將國民大會章決定，約明日續會，遂散。陸東、亦有、美奐三君及公弢來談，至一時卅分始去。洗澡，就寢已二時，輾轉不能成寐，苦極。

9月12日

六時卅分醒，又睡至八時卅分起。今日陰雨，氣候轉涼，較昨日約低廿度。

張九如君來談陝、甘、寧、青諸省情形，尤以甘省狀況為詳。謂漢回之間，種族感情不僅隔閡，實在於仇恨狀態中。人民有賣兒自盡以避兵役者。回人將領性好猜疑，如調兵深入，則彼必以剿匪之後，行將我及，而發生不安。否則，對剿匪即難免觀望推諉，對中央官吏亦意存狎玩，故對付竄隴之匪，殊不易云云。十時五十分往訪立夫，彼患輕傷寒甫癒，精神未全復。十二時歸寓。午後一時卅分天放、孟武、思平來，仍在余室會談，思平對中央政制一章，別擬一草案，多半採用薩案，但較簡單。余等逐條討論，對國民大會及總統兩章，費時甚多；關於創制、複決兩權之行使，尤感規定不易，至七時卅分始將中央一章議畢。今日為中秋，諸君皆欲回家，遂約定明日續談。晚餐後曉峯過訪，談資源委員會事。果夫先生來長談，余數日未熟睡，甚疲，客去即移至別室就寢，以所居之室戶外殊囂擾也。服安眠藥一片。

9月13日

晨七時五十分起。今日天色晴朗氣候涼爽。

作函數緘，分致滬、杭親友，並覆張叔良君一函，請將國民日記運渝。

魯若衡兄復來談黨務改進事，並及民國大學將來之

辦法。

十時應雪艇先生約，往教育部訪之。談川省教育之整理及雲南大學情形。彼將於月內親自赴滇一行，因滇省尚有三十餘縣完全未設學校者，擬自往督促之。又談湖南大學校長人選尚未產生，蔣廷黻不允就，擬接洽楊振聲。談約一小時卅分鐘辭出。往童家巷訪翼如，談西北旅行中有關政治之各種見聞，十二時卅分回寓。午後一時卅分天放、思平、孟武來續商草案，將中央制度及地方政制審查畢事。孟武尚有關於經濟、教育兩章之草案，約明日續談；六時許散。偕公弢至百子亭訪味辛，復至公弢家晚餐。蕭同茲君來談甚久，十一時卅分歸。

9月14日

晨八時起。軼游來訪未晤。

述庭來訪長談約二小時，多關於同學近況及京中政界雜事，彼以余太煩忙，擬約赴郊外游覽，余以下午有事婉謝之。此旬日中蟄處旅邸，身閒而心不閒，真以為苦也。

午後一時溯中來談正中書局之編輯計劃，謂每月可交稿三百萬字，現擬編叢書，就余商酌內容，並託代為徵訪材料，二時後始去。今日身體不舒，有微熱。

思平、孟武、天放三君仍集余室會談憲草案，先確定國民經濟、教育及財政三章；繼討論附則各條，大抵均採用原草案為多；最後就各章再審閱一過，將全案決定，另具說明，託思平執筆，六時畢事。原案共為一百二十八

條，較前減少五十條。夜實之、滄波來談，實之為炳甥事
甚痛苦。二君去後，即赴別室就寢，已十時卅分矣。

9 月 15 日

晨八時四十分起。昨晚睡眠在八小時以上，疲勞稍
復，唯腸胃又小病。

孫烈蓀君自浙來，參與司法會議，與余同處一寓，
晤談久之。十時後徐軾游君來訪，談北平教育界情形及諸
師友近況，知內光、君哲均在北平大學任教，內光主附屬
醫院，名譽極佳，甚慰。

十一時謝冠生君來談，為浙高法院首席檢察官事，
京同鄉擬推薦宋孟年君擔任之。

作函數緘，致琢公及衡甫，為四明獎學金事。又致
冷老伯楨同一函，致士剛附琢公一函，又附陸東、鑄東
一函。

接日章來電（寒日發），索吳擬之經濟方案，即覆
一電，並用航快寄去。又致秋陽一電，告行期。

午後二時卅分往戴宅訪季公，值彼午睡，坐待良久，
即將余等連日所談結果與彼詳商。彼意似尚可簡單，並指示
兩點：（一）省之地位不宜列入地方，道尹應為察吏之官，
直屬於中央；（二）經濟與財政可合為一章。談至五時始
別。臨行贈余手書座右銘一幅。訪楚公及佛海均未晤，留刺
而歸。夜校讀原草案，並整理書件。十一時卅分寢。

9月16日

晨七時五十分起。

致允默一函寄大碶頭，由芝芳哥轉交。

在京事畢，決定明日動身赴漢，即發一電，報告委員長，請派專用機到漢一接。因近日心胃均弱，殊畏郵航機之顛簸，且張漢卿已赴陝，又不及借彼機一用也。並致日章、奎才各一電。

十時往訪立夫，見其精神已恢復大半，坐談約九十分鐘辭歸。滄波來寓話別。

十二時往戴宅訪季陶，即在彼寓午餐，食海蜇絲甚美。飯後談憲草，彼對于中央政制及地方行政制主張須再從長研究。三時許始辭出。臨行出示徐子休先生備忘錄，請蔣先生題簽。四時往訪楚傖留草案一冊，五時歸寓。接思平遣專人送來之說明書。天放來話別，攜去草案一冊，別留一冊，託其轉交孟武。實之招飲於維新酒樓，學素、公弢、希孔同席。

七時皓兒來寓（住周必由巷天安坊十號），枕琴先生、述庭、儆環先後來訪。十一時客散，整理物件，即就睡。

9月17日

六時三刻起。

盥洗畢即偕學素同車赴下關，八時登江新輪，實之已先在，為料理一切。余住特等艙四號，學素住頭等艙。公弢、亞漁來送行，九時開船。

　　舟中無事，閱最近四、五期國聞周報，首閱大事記，次論評選輯，次關於國際及經濟之專著，次文藝。覺周報內容視昔無改，而文藝欄之小說則進步多矣。

　　周報二十九期內有梟公贈余一詩：

　　仙骨凌雲卻倦飛，層霄俯視霧霏霏，

　　勞多恐過肱三折，瘴甚思分藥一圭；

　　神筆長揮從上將，輕塵不浣拂初衣，

　　千峯黯澹斜陽外，極目煙嵐辮碧雞。

　　蓋余行役滇時見寄之作也。神筆云：未為知余；而輕塵一語，不能不興知我之感矣。晚飯後學素來談良久，十時卅分睡。

9 月 18 日

　　六時三刻起。猛憶四年前事，不堪回首。

　　早餐畢，在甲板上閒眺，鄰室有二老者極健談，一為羅君，天主教司鐸；一為梁君，墨西哥華僑也。羅年六十有四，聲如宏鐘，梁年七十有一，望之若五十許人。聞梁在墨西哥積貲數百萬，以墨國排華，有歸國終老之志，但去國五十三年，去年回國調查，又覺事事不如所期，頗覺灰心。羅君則百端為之解釋，謂祖國方在改革期內，宜有此現象也。

　　江行二日，覺精神舒爽，雜念胥蠲。因作一函致四弟，抵九江後發之，勸其有機會時約友人作長江之旅行，順便登廬山游眺，較之乘海船或火車必遠勝之。蓋余認為

國內最舒適旅行無過于長江船上也。與王達天、湯恩伯、宋虹波諸君談。宋為趙雪泉（觀濤）之參謀長，新奉調為參謀團副主任。夜讀藏園老人游記。天漸熱，至十一時卅分始入睡。

9月19日

晨覺稍倦，七時卅分起。

複閱黃氏關於中央政制過渡辦法等意見，摘記其要點於冊。閱羅件。

十一時卅分船抵漢口，貢華、慶譽、方理、旡退、煥之、宗熙、明鎬、葆恩、省吾諸君來迎，與明鎬、學素同車至電話局小坐後即至亦園午餐。得秋陽來電，知已與斯太耐斯商妥，准于廿日或廿一日派福特機由杭來漢飛川。發致秋陽電，報告行蹤。接允默十四日大碶頭發函。

午睡四十分，比醒已三時。登中、奎才先後來談。五時許貢華來談，面交研究報告四件，詳談土地問題及中央政制，至七時許始去。省吾來，明鎬發起赴味腴川菜館晚餐，學素、省吾同往，八時歸寓。旡退來談，對於其未接覆電徑自赴桂一層，切實戒之。宗熙、亘卿先後來談，十時卅分洗澡，十一時卅分就寢。

9月20日

七時卅分起。

九時胡書記巽三、熊書記齋之來談，對前方事及工

作均有所報告，分別指示之。

　　十時赴第五組，約集徐、羅、何、傅各秘書談研究工作。又召集全體職員訓話，勉以守紀律工作，並以餘時研究學問。又至樓上辦公室視察一周。十一時卅分赴飛機場，晤金凌雲站長（家馴），知杭電未到，今日不能動身，遂歸寓。郭念萱甥來談。發允默函。

　　午後小睡半小時。楊綿仲君來談，彼對皖財政整理甚感興趣。張筠如、修梆君來談，尹志陶亦來談，約十分中武漢日報社長王亞明及梅公任、江述之（二君為漢市黨部委員）來談，五時慶譽、煥之來談。

　　第五組同人及海壽、宗熙合讌余于電話局。席散後伯鷹來談，知新遭母喪。九時許錢慕尹、葉亭亭、劉秉義、邱開基同來訪。未幾鄂保安司令丁炳權亦來訪，與慕尹談甚久，十一時卅分始去，十二時寢。

9 月 21 日

　　晨七時卅分起。

　　與學素詳談侍從室之編制、章則、人事及工作注意要項。

　　九時卅分君強過江來訪，談行營半年之狀況及特教委會與第六處等情形。據彼所言，甘自明似太覺書生氣。十時卅分邱開基君來談三事：（一）禁煙督察處之因革；（二）最近因防空展覽而引起之交涉；（三）禁煙總監下之組織；託遇便轉陳。

今日接成都兩電，知老福特機蔣夫人調用，不能即來，已由斯太耐斯電商未得覆。余赴川之心甚切，無飛機至為焦灼，即發一電致蔣夫人，並託錢參謀長電張主任漢卿借機。

午睡醒後，心思不能寧定，讀翰苑集自遣，盡四卷。傍晚，程穉秋來談鄂省公民教育訓練及民教職教之規劃。夜九時三北經理高炳衡君來訪，談航業金融之困難。十一時五十分寢。

9 月 22 日

晨起已八時卅分，昨夜睡未酣。

待飛機不得，本擬搭民族輪前往，明鎬切勸以為既太辛苦，又過於遲滯，乃中止。十時得成都電，知蔣夫人已允派老福特到漢，即覆一電，囑秋陽設法轉催之，並電航校周校長代催。午後得蔣夫人處回電，言明後日該機準可到漢，錢參謀長電告：張主任已赴西安云。省吾、登中、宗熙先後來訪。登中抄來軍訓詞一篇，交維庸保存。竟日無事，仍讀翰苑集及近時雜誌關於政制改革之論文。

午後四時許岳軍來訪，談三浦總領事抗議事件。彼有茶會約，匆匆便去，約晚餐再來。巨卿來談良久。發寄四弟及允默各一函。夜洗澡，擬早睡，將入夢矣，而岳軍來訪，談外交及改革政制，結束訓政等問題，至一時卅分始去。因談話過多，就枕後遂不能入睡，三時後始睡去。

9 月 23 日

八時卅分起，以昨睡太遲也。

待飛機不至，十一時以電話詢金站長，言老福特在修理，恐一時不能來。午後有中航公司之大福特機到漢，可先乘二人赴渝，余以學素初次赴川，不欲其隻身落後，遂謝金站長，囑勿必交涉。十二時接秋陽電，仍謂老福特今明可到。未接杭電，終不放心。午後接周至柔來電，言機已修竣，試飛如良好，即飛漢口。夜十時接蔣夫人電，謂明日准到漢相接。未幾又接周電，謂該機到滬後廿四飛南昌，廿五可到漢，消息兩歧，殊不可解。數日來為飛機問題懸心，真覺惱人之至。在寓無事，圈讀翰苑集。閱國論第一、二期中有先秦法家思想一文，條理清晰極可誦，顧所主張亦平實，但左、李、陳諸人終不肯放棄立場，殆猶有書生之積習也。冘退、貢華先後來談，胡憨珠君亦過訪。夜整理衣物，十二時寢。

9 月 24 日

八時起。

接秋陽來電，謂薩伏亞機經委員長電命飛川，過漢時可改乘該機云。但守候至午，老福特與薩伏亞均未到。午後始接恆祥自滬來電，謂老福特因機師取寒衣赴南昌，明晨九時准可過漢。又接日章、秋陽各一電。

在寓無事，繼續閱讀翰苑集。

高炳衡君來送行，午刻慶譽來談改進教育意見，午

餐後去。

岳軍先生送來中日經濟提攜研究之文二件，囑攜川
酌呈參考。

七時錢參謀長招宴于松柏廳，吃俄國大菜，同坐有
雪竹、岳軍、靈炳、武鳴及甘自明諸君，餐畢談話，至九
時許歸寓。服阿特靈一片，十時卅分就寢。

9月25日

七時十分醒即起。今日天氣晴朗。

九時將行李先送機場，十時許機到，偕學素、明鎬
同車赴機場，五組同人及高炳衡君、行營戎科長紀五、警
備部歐陽副官均蒞場送行。十時卅分起飛（機師齊吉薩君
Cigesa，意大利人，為航校教練官），十二時過宜昌，三
時抵重慶降下。加汽油，並整機件。偕學素同至航空司令
部小憩。四時許再起飛，霧氣濃重，顛簸殊甚。且機內有
熱氣設備，殊悶鬱不可耐，至五時四十五分始抵成都北外
飛機場。以降下時太驟，二輪深陷土內，幸人物均無恙，
略受震動而已。秋陽、亦僑來迎于機場，遂同車進城，抵
陝西街已六時卅分，然成都時刻為五時卅分也。與侍從室
同人一一接談，並至機要室與毛、江、古略談，八時卅分
往見委員長，報告在滬、在京、在漢工作與見聞，九時
十五分歸室，閱積存函電約四十件。十一時卅分寢。

9 月 26 日

七時起。

成都天氣較滬漢為涼，唯潮濕甚重，余之骨節酸痛似又復發矣。

九時擬出外訪友，適岑西兄來談約一小時，彼對四川開發投資甚感興趣。

晏甸樵、賀元清兩君先後來訪，晏君談侍從室一月來情形頗詳。

蕭叔絅來談關於四川經濟之觀察，對四川之農工商業均有扼要之改善策，尤主張將江浙等處之紡織工廠移設于四川，並注意四川手工業之保護問題。

午後二時卅分小睡至四時醒。致申之先生電，請取銷中正紀念橋之名義。

核閱四組收文十二件。核張秘書研究報告一件。摘呈外交報告一件。

五時往訪暢卿，六時卅分回。七時半至委員長處晚餐，譚禮廷先生（廣東人）及暢卿同餐。餐畢暢卿來余室談憲草等問題，直至十一時卅分始去。

9 月 27 日

晨八時起。

摘呈文電及日文報紙譯要共五件。

參謀團參議梁輔丞君新昌人攜立兄介紹函來訪，此君似欠深沉，未與作深切之談話。旋胡靖安君偕農民銀行

成都分行籌備主任鳳純德來訪，略談即去。

九時邱大年君（椿）來訪，詳談彼在國外考察教育之經過，及對于改革教育之意見。大致：

（一）實行教育機關會計獨立，減除糜費中飽，以充實教費；

（二）教育軍事化；

（三）教育生產化。

最後並謂自出國考察後，深悟過去盲信杜威等十五年前舊學說之非計，言之甚為痛切，十一時去。

閱董顯光寄來報告三件。二時卅分陳斯孝君來訪，三時苓西兄來談，四時介紹苓西兄謁見委員長，晤談約十五分鐘。六時謝作民君來談，謝去後乃華來談，七時卅分委員長邀去晚餐，有所諮詢。八時卅分歸室。任王學素為本處中校秘書，今日奉批准。十一時寢。

9 月 28 日

晨七時卅分起。

八時苓西兄來訪，談川省擬借外資事。此事係由一在滬律師（猶太籍）Rebbinowitz 介紹，由陳良（初如）夫人李澄民女士赴歐接洽，已有端緒。一為荷蘭註冊之國際銀團擬投資五百萬，一為英國註冊之揚子公司擬投資開礦二百萬。川省政府對此事力期其成，苓兄攜草合同二份囑余研究，為審閱一過，恐實行性甚少也。

擬致哲生院長一電，論憲法草案之原則，並將電底

轉楚傖、季陶二公接洽。

胡靖安君介紹郭少屏（劭宗，川北運使）及田澤孚君（頌堯軍長介弟）同時來訪。

午後奉命招待川大校長任叔永君，晤談甚久。對川大改革，委員長多所指示。

六時赴覺廬晚餐，應謝作民兄之約也。同席有冷曝東、陳子輿，李厚如、周遂初（李周皆黃埔生）及盧雪正，皆省黨部職員。七時歸。委員長招往談話，命與曹伯聞、張開漣兩君周旋。十一時寢。

9 月 29 日

昨晚失眠，今晨頭腦沉重，睡至十時始起。

本日省黨部舉行擴大紀念週，以病未往。午刻楊子惠軍長邀飲，亦函謝。

致楚傖先生一電，告憲草修正案之意見，轉託天放約薩、梅研究。

袁廣陞君偕袁升亨君來訪，升亨效實學生，今任特務團隊長，軍校八期生。

何侍衛長蕭秘書等先後來談，致蔡勁軍函，為陳巨來介紹。寄吳達詮函，附去抄件。

核閱外交報告及日本報紙譯要六件，摘呈中日提攜研究報告二件。轉呈張秘書「羅斯（李滋羅斯？）來華任務及列強在華經濟利益」一件。核四組收文四件。

午後往凌雲飯店，訪芩西兄略談即出，又赴支機石

街訪李幼椿君，六時歸。核紀念週講稿一件。

十一時服安眠藥一片，即就寢。

9月30日

晨七時十五分起。

行營政刊處秘書長趙定昌（字踵武）來訪，蕭秘書同來，趙君雲南順寧籍。

到蓉以後，頗覺精神疲頓，自今日起楊醫官繼續注射 Bioplastina。

核轉第五組研究報告三件：

（一）日人心目中之華北政權論；

（二）日本在華北之經濟活動；

（三）蘇俄在遠東之陸海空軍配置。

五組李、高兩秘書來談，囑李秘書研究閻錫山氏之土地村有辦法。

芩西兄來談，午餐後去。午睡一小時，醒後覺精神暢適。甸樵來談預算事。

核閱四組來文十六件。閱譯報及新聞檢查處報告。

四時顧墨三來談，彼于昨日由重慶飛成都，此來將受命為重慶行營主任，蓋武昌行營不久即擬結束也。顧君在黔四閱月，談黔事甚詳。

夜彝鼎來談，囑研究戰時國際公法之中立國義務。

10 月 1 日

七時卅分起。

接允默廿七日發函，謂阿樂有寒熱。

八時以何侍衛長約代委員長接見川紳胡文瀾（景伊）為川省府拘請願代表事，即報告委員長。

九時李幼椿邱大年兩君來訪，邱君交來改革教育意見書，內分三點：（一）會計獨立；（二）教育軍事化；（三）教育生產化。李君攜來楊遇春年譜及家乘，囑轉呈委員長，並言明有楊叔明（永竣）者寓吉池街十八號，為忠武（即遇春，崇慶人）後裔，忼爽有才略，熟悉邊政，且嘗從學于井研廖平，可備邊政委員之選。李其相總指揮（家鈺）來訪，道傾慕而外，並談及川事，約十分鐘辭去。

摘呈李、周、魏等函共四件，並送去楊忠武年譜、家乘等。核四組收文四件。

七時委員長約晚餐，同坐有張主任、顧主任、賀主任、楊秘書長、晏主任。張今日自陝來。複閱黃埔訓練集校正稿，約二五〇頁。

10 月 2 日

八時起。張季熙攜翁、錢二君介函來訪，適有客至，學素代見之。

委員長准劉湘辭二十一軍軍長，准劉邦俊辭二十三軍代理軍長。任命唐式遵、潘文華、王纘緒為軍長。今後川軍之番號如下：二十軍楊森、二十一軍唐式遵、二十三

軍潘文華、二十四軍劉文輝、四十一軍孫震、四十四軍王
纘緒、四十五軍鄧錫侯。

謝作民君來談關於四川省黨務之情形，並為黨務工
作人員訓練班請委員長題字。據彼所言，川省黨務情形至
為複雜，中央所定區指導員之制度推行未必盡力。長談約
二小時始去。

午後處理積壓各件，工作僅一小時，即大感疲憊，
小睡一小時始癒。

三時往東馬棚街訪熊慕顏君（世哲），晤林鏡臺君，
約後日來余處詳談。慕顏談川軍中下級幹部經峨山訓練
後，對中央認識較前真切，但上級軍官仍不脫舊時積習，
殊悲觀云。委員長招去談話半小時。晚間擬為委座草起一
文告，心思散亂未就。十時寢，未熟睡。

10月3日

八時卅分起。昨晚雖早寢，但輾轉未熟睡，僅睡得
兩小時耳，失眠日劇，如何如何。

簽呈二件請委員長題字。以楊振聲國語教科書教學
素審閱。

九時半奉委員長命往訪成都各耆老。先至曾奐如先生
家，扶病相見，對省府為房捐請願逮捕代表事甚激昂。繼
至徐子休先生處，徐先生亦有病，聞余至，則披衣起，遂
談川政前途，以振紀綱為當務之急，謂得人則治，此理不
可易也。繼至方鶴儕先生家，方先生桐城人，而寓成都至

四十年以上，議論較渾融，唯諄諄以端正教育趨向為望。
最後至周蕪池（道剛）先生處，周先生之門首有衛戍部駐
兵一排保護，蓋以請願事為省府所注意，余極意慰問之。
十二時十分辭出，往訪賀主任未晤，遂歸。

　　午後苓西兄來談，出示次行來函。小睡片刻。擬覆
陳伯南、謝慧生各一電。六時應劉主席之約，往省府晚
餐，同坐有張、顧、楊、賀、晏。八時半歸。核辦例行件
五、六件。十一時卅分寢，一時後入睡。

10 月 4 日

　　八時起。咋晚睡不暢，連日如此，精神日益倦，幾
不能工作。

　　本日閱定黃埔訓練集（委員長擬作為精神教育第一
集，即發各軍官），並將印刷辦法命呈核准，交蕭速記送
行營政訓處付印（原書係軍校政治部圖書館借來，分類號
一九〇，登記號數四一七三）。

　　張季熙君來訪談糖類製酒精合劑事，擬往沱江各縣
考察。李幼椿來談國際情形。

　　國府明令發表顧祝同為軍事委員會委員長駐川行營
主任。在川特設八個綏靖區司令以鄧錫侯、孫震、楊森、
唐式遵、潘文華、王纘緒、李家鈺、許堯欽分任之。劉湘
為綏靖主任。

　　午後林鏡臺君來談，託設法在京謀事，殊無以應之。
四時芷町來訪，談邱大年君所計劃之教育旬刊事，並勸余

就重慶補曉嵐醫生診病，余久聞有補醫生之名，芷町極言
其醫術之神奇，謂曾親試之云。徐恩曾君自京來，在余室
晚餐。新新新聞來函徵國慶日題字。十時服安眠藥就寢。

10月5日

八時起。今日天氣暢晴，有秋高氣爽景象。接允默
二號發函。

交學素代擬：洛陽軍校分校第四期學員及軍士隊學
兵第二期開學典禮訓詞。

九時卅分唐棣之處長來訪，十時苓西兄來訪，談四
川開發實業之前途。兩君因今日天氣晴美，為成都難得之
好天氣，約余赴郊外午餐。余因積件甚多待理，然亦思變
換腦筋，遂欣然應之。以電話約劉鏡如君同至通惠門外姑
姑筵午餐。姑姑筵為雙孝祠遺址，庭園軒爽，宜於眺覽。
主者王靜寧（晉齡）為前清茂才，曾任縣長，因善治饌，
乃隱於沽，今日為余等親自行庖，意極殷渥。餐畢小坐，
王君親送至門外，見大門榜一聯，為王君自撰者：

提著火鏟，把著菜刀，自命為鍋邊鎮守使。

坐有嘉肴，尊有旨酒，莫嫌他路隔通惠門。

下署饕叟。聯雖不佳，亦足見川人喜弄文墨一斑（姑
姑筵三字之意義，據川友言乃成都童言，即小孩以設筵為
戲之名稱，猶吾鄉小兒所謂擺酒窠云。以此三字名餐館，
謙遜中寓不傲之意，自覺別緻，然亦太纖巧矣。四川人之
性質，自文人學子以及鄉僻民眾，多好諧謔，又善於詞

辯，外省人來此，住稍久即易覺察之）。出「姑姑筵」
後，偕苓西諸君到百花潭前渡河至康莊游覽。康莊為鄧錫
侯軍長之別墅，築室不多，而佔地甚廣：位置幽倩，林木
眾多（稍嫌繁密）。今為航空第六隊借住。余等投刺入，
有第六隊飛航員王育根君（湖南慈利）出迎，並導觀全部
園林，瀹茗相餉，談空軍剿匪（在川）之概況。苓西兄等
聞其所述英勇堅苦處太息不已。二時許辭出，順道往游青
羊宮、二仙庵，皆道觀也。青羊宮祀老君二青羊（銅製）
像，在大殿前角，游覽者群撫摸之，謂可卻疾云。以唐棣
之君之提議往草堂寺一游。草堂寺即杜工部所寓居之佛
寺，門臨浣花溪，今為後方病院借住，工部前所居室，今
改為祀祠。工部、山谷、放翁均有塑像。四時許與諸君行
進通惠門而歸。郭維屏（子藩）來談教育，川大教授鄭
愈、裘千昌（禹言）均來訪，二君皆浙人。夜整理書籍等
件，明日囑秋陽先運一部赴渝。一時後始入睡。

10 月 6 日

七時卅分起。秋陽今日東歸，自去年五月隨余到贛，
蓋一年又五個月矣。

九時赴省黨部，出席擴大紀念週。委員長親蒞訓話，
謂將離川小別，希川省各界領袖切實認識四川得天之厚與
地位之重要，極力求治，並教育民眾，努力振奮。昔人稱
巴署為首，荊襄為胸，吳越為尾，未有首腦不強健清明，
而百體能暢遂者。丁寧諄切，聽者多特別感動，以此次為

臨別訓話也。

與暢卿同車回行轅，在客室談甚久。鄧晉康、周葦池等均來謁委座，奉命接待。

擬洛陽軍校分校軍訓四期軍士班二期開學典禮訓詞。擬覆謝慧生（江電）一電即發。

午後四時重慶大學校長胡庶華君來訪，談重大現辦理、工兩學院，第三年起經費將有四十二萬，然後再進行醫學院。

委員長明日將赴陝西，以機少不敷分配，余不隨行。五時往謁談，接洽行後各事。

六時往官邸晚餐，同座有王庭午（樹常）、上官紀青、顧墨三諸君。夜十一時寢。

10月7日

七時卅分起。今日天氣仍暢晴。

九時赴委員處報告所見參謀本部情報及中央黨部抄件之要點，並約六日內東下相候。

十時偕元清、甸樵諸君赴北門外鳳凰山機場送行，墨三、輔臣及上官紀青均到場相送。十時二十五分起飛，隨行者何侍衛長、蔣參謀、汪秘書及譯電員二人。機行後鄧秘書長始到，與談大成學校事，並略與諸君周旋。墨三為我等攝一影，遂偕甸樵同車歸。

午後結束積壓之件多件。致季陶院長一函。為新新新聞國慶增刊題字。

核閱四組收文十六件。處理公文三件。

苓西、鏡如於六時來訪，力勸余不必轉渝乘船，乃改變計劃，定九日乘歐亞機赴滬。

夜訪墨三於賀公館，談約一小時。歸寓整理書件，直至一時許使就寢。

10 月 8 日

晨五時卅分醒，復矇矓睡去，至七時起。胡顏立、黃競白兩君來訪。

今日侍從室大部人員皆乘車赴渝，唯第二組職員及學素等均未行。

蕭叔綱君來訪，談及四川經濟調查及今後進行經濟建設甚詳，意似不願回贛也者。

十時往凌雲飯店訪苓西，即偕苓西鏡如出城游昭覺寺。寺建於唐代，屢毀，今之規模為康熙間改建者。大雄寶殿正樑上尚書有平西將軍、平西王等字樣，蓋吳三桂之遺跡也。方丈某出而導游，覺其殿宇基址之廣，在天童育王以上。最奇者，偏殿供觀音像，有朱德所上之匾，且觀音像即係朱德裝金，蓋朱昔年任旅長時所為者。又見香積殿後有一聯，語甚怪特。十二時歸，至小酒家午餐，倦極回寓小睡。三時起，訪暢卿。六時赴作民之約，往其所寓陝西街一三六號覺廬晚餐。同坐者有伍誠仁（克齋）、郭翼之（勛祺）兩師長，又有許行憚（亦羣）者為廿四軍特黨部籌委，極健談。七時赴布後街榮祿園，應鏡如之約，

八時歸，苓西兄及甘典夔來送行。十一時寢。

10 月 9 日

晨五時卅分起。劉鏡如君以五時十分來寓，伴送至機場，意極可感。

五時四十五分離寓，六時十分至鳳凰山機場，六時五十分登歐亞七號機，七時起飛。乘客八人，有徐恩曾君、范紹增師長、陳蘭馨副師長夫婦及熊仲韜處長，餘二人不知姓名。九時五十分抵西安，下機稍憩。陝教廳長周學昌及綏署韓光琦（字威西，關中人）主任均來機場款余等以麵食。十時半再起飛，十二時卅分抵鄭州下機，在休息室飲茶。再十分（實為二時十分，因東西相差一小時也）離鄭州向東南行，天氣突變，濃霧四塞，蓋自豫皖以東皆有雨也。三時四十分抵南京，恩曾諸君皆下機，僅余及范君與其他乘客二人同赴上海。飛行約半小時，過無錫，此時在東南時計為五時四十分。因陰雨之故，天色已暝，等於夜間飛行，僅恃電燈為目標。幸機師技術高明，駛行甚穩，六時五分抵龍華機場，即乘車歸寓。共飛行一八九〇里，費時十小時，迅速平穩，毫不覺疲。票價自蓉至滬三四五元。與家人談話。十時卅分寢。

10 月 10 日

晨六時卅分起。

今日為第六屆全國運動會開幕之日，余以初到滬，擬

靜居二、三日，恐一到會場，熟人太多，在旅滬之短期內又忙於酬對，且聞蔣先生已指定朱益之代表到會致訓，遂決定不往參加，在寓休息，與吟苡哥、晚梅哥閒談而已。

閱日本駐屯軍司令多田駿所著「對華政策之基礎觀念」小冊子，係外交部譯本。

午餐時食洋澄湖蟹及八月荳，飲酒四小杯，覺微燻，小睡二小時。

四時卅分偕允默攜明、樂兩兒往游康腦脫路之徐園，且文姨氏亦同往，余不涉此園二十餘年矣（憶在民國元、二年間曾與大哥及季審先生到此）。內容頹敗不堪，略一周覽即歸。

夜以電話與彬史兄接談，並告六弟以行蹤。十時卅分就寢。

10 月 11 日

晨八時起。

趙伯揆君來訪，談外峯先生之家務。謂其長子在永安紗廠執業，勤瘁可憫，其女在農民銀行為同事所排擠，今輟業就學。故人宿草，而遺族之婚嫁未畢，囑余同為留意。又說彼近況艱窘，長寓戚家，終非久記，盼蔣先生有以救濟之。九時許別去。

彬史兄過訪，談上海金融界之近況，有不可終日之勢。月終將有銀錢業多家牽連倒閉，近日市場盛傳有減低發鈔現金準備二成增發公債萬二千萬之說，詢余有無其

事。此說甚奇特，余未有所聞也。午六弟來寓，談新檢所事，談十分鐘匆匆去。余交彼百元，囑即匯八弟作學費。午後與允默談家務，登記雜事於冊。夜更生來訪，不相見者二年餘矣。長談別來情況，頗羨其辭官隱居為得計也。十一時偕允默出外散步，循戈登路到麥根路市小食歸。與晚兄、吟兄等共酌，一時許寢。

10月12日

晨七時卅分起。湯德民來訪，轉致蔣銘三一片。接慶譽、宗熙各一電，無法譯出。

整理舊篋，得民國十一年之舊日記三冊，重讀一過，頗多可回味之處。蓋余當時離家未久，兼任商報、商教兩職，後辭商務入中易公司，生活外形雖改變，而自律尚嚴，處世接物亦勉求適合分寸，於此小冊中可以見之。今人事日繁，內心矛盾益甚，意趣荒頹，更不如昔，念之慨然。

廉三兄來訪，彼自移寓赫德路以來，去余寓較遠，相見亦稀，聞余歸，特來訪詳談近年身世。知受商業金融影響，輟業閒居，如此篤實穩健之士，厄於環境，鬱鬱無以遂其生，殊可同情也。

午後次行弟來談。次行去後，往派克路中興公司訪景韓，並晤琢公，談約一小時歸。

七時卅分往海格路四六四號訪吳鐵城先生，談內外時局。八時辭出，至善鐘路六十一號訪醒亞。九時卅分歸

寓。十一時偕默外出散步，市栗子歸，與吟兄等談至十二
時寢。

10 月 13 日

晨八時起。

上午無事，課兩兒讀書寫字。此三、四日間，不僅身
閒，即心亦閒，如此閒適生活，蓋數年來所僅有也。覆大
哥、四弟各一函，用快信寄航。託四弟接洽圖書館工役彭
金寶願充予隨役否。十二時醒亞、嘯天兩君來訪，談北方
情形甚久。嘯天言：宋明軒對平市長遲未發表及商啟予任
津沽保安司令事極誤解，余以所知情形解說之。嘯天即囑
予為彼擬一電告宋，因彼為宋通譜兄弟，感情極親恰也。
兩日內市場謠言甚多，皆關於西南及日本行動者。

午後整理民國二十年時代之各種文件，分別去取歸
類保存之。碌碌半日未竣事。

夜九時卅分西亞來談，彼之敏感、多憂、畏煩、善
怒有加無已，與余有同病之感。因告以「宜以行雲流水之
態度處世，以退步思量的方法自慰」，彼頗首肯余言，談
至十一時去。十二時就寢。

10 月 14 日

七時五十分起。

午前檢舊稿，修改蔣先生二十年在京講演稿三篇。

午膳後偕吟苡哥往體育場參觀第六次全國運動大會。

今日為第五日，有撐竿跳及千五百米兩種決賽，女子標槍亦今日決賽。浙酈清獲第四，此次全運會浙選手之成績較前兩屆進步，殊欣慰。在場中晤鐵城、儒堂、有壬及張伯苓、郝更生、王迴波等。四時五十分回寓。

楊嘯天君介紹立法委員孫隆吉（名維棟，關中人）同來訪，孫君舊隸馮煥章部，庾宋哲元關係極密切，此次甫自北平歸來，談華北情形及廿九軍情況甚詳悉。

子翰來訪，將進行信託局（中央銀行）事。傍晚叔眉兄來談，知辟塵出亡事尚無消息。

晚餐後滄波來談首都各同志對結束黨治之意見，並及政治外交及友朋雜事甚久。十一時卅分寢。

10月15日

八時二十分起。昨晚大雨，氣候轉潮，余睡眠不佳，又微覺骨酸。

發致日章一電，告即日晚車動身，託其轉陳委員長。公展、庚白同來訪。

留函二緘致圻兄及秋陽，因此來匆匆未及晤圻兄，而秋陽歸滬時余必已不在滬上也。

讀國論九月號及國聞周報、獨立評論之最近二期。接天放電。

午後士剛來談五和最近情形，並攜來增募新股印刷品多件，託接洽增股事。

繼續整理舊日之書件，得民國三、四年時所為雜文稿

及民元旅滬時與亞子、屯艮等唱和之作，歲月遷流，不覺二十年矣。德業無進，即文字末藝，亦愈趨粗傖。甚矣，世途之損人性靈也。

夜次行來話別，十時去。十時卅分滄波以車來迎，到新亞飯店四五六號小坐，晤成舍我，即馳赴北車站，乘十一時車去京。鶴皋兄及楊德昭、劉季生同車。公弢到站送行。與鶴兄談別後事，十二時卅分就寢。

10 月 16 日

六時卅分抵和平門，侍役來叩門即起。

七時抵下關，實之弟來接，即與同車至新住宅區靈隱路八號，一觀所賃之居室，蓋余前次來京住中央飯店，殊苦囂擾，不能安睡，故託別賃一居室也。布置尚未竣，擬三日後入居之，仍至中央飯店寓二五七號，鶴兄亦來中央同寓。

九時往軍校，見委員長，未詳談。攜回閻百川意見書，並晤果夫、立夫及枕公。出至軍委會辦公廳，訪味辛處長。晤霽村、空如諸君。領證章及汽車證各一枚而歸。宗武來談。

午刻應作人之約赴皇后飯店午餐，午後劉振東、趙述庭、程天放三君先後來談。客去小睡一小時。

五時卅分實之弟來談，同往靈隱路八號新居內晚餐，並布置一切。與允默通電話，八時五十分回中央飯店。九時學素等到京。繕呈要件數種。十時彝鼎來談。十一時卅

分就寢。

10月17日

　　七時卅分起。待汽車甚久未至，詢知為一軍委會職員乘坐去會，遂別雇一部，究不知此職員為何人也。

　　九時出席一九二次中央常會，通過對于憲草之原則五條，交立法院修正；又通過五次代表大會指派代表人之人選，十一時散會。回寓一轉，晤慶祥、傳遠兩君，即至軍校官邸，見委員長與鄧雪永君，談新疆情形。一時卅分回寓。

　　函中宣會及中國日報等，囑轉各報勿登委員長之每日起居行動。

　　午後小睡，至四時醒。元冲、志希先後來談，元冲攜贈默君詩草一冊。

　　六時滄波來談，關於立法院修正憲法草案事，知孫院長已指定傅秉常、吳經熊、吳尚鷹、何遂、馬寅初、梁寒操、林彬諸君審查，明日即開始討論云。夜士遠師過談甚久。

　　季剛弟來訪，已二年不晤矣。荻浪來寓沐浴，至余室小坐，略談侍從室事，十二時寢。

10月18日

　　八時十分起。三日來睡眠不佳，昨晚服安眠藥亦無甚效果，精神又覺疲頓。

九時往陵圓小築訪張溥泉先生，係代委員長前往訪問，談故宮事。崔夫人慷慨激昂，力主振作紀綱，謂非蔣先生主持不可。余允為代達，遂歸。志游師來談。崔夫人言：古物館長徐鴻寶持正不阿，揭發事實，極可佩，一再言之。

十一時十分滄波偕吳德生君來談，知立法院下午即開審查會，留兩君午餐後去。

二時卅分往訪楚傖先生於其寓，談憲草事，覺有若干問題，須待商者，遂同往季陶先生處。季陶主張就原草案去其甚不妥者，其餘條文不必多更動。憶前此在京四次晤談，余終未明其真意，今日始切實告余，謂薩、梅所擬彼不贊成云。談甚久。五時至官邸，將此情形報告。晤劉庭芳君，談銻礦事。七時以實之弟約，與鶴皋、君誨、叔眉去太平洋晚餐。坐未定，接委員長電話，即往官邸，略談而歸。味辛、滄波、過訪，以車接德生來寓，談至十一時四十分始散。十二時卅分寢。

10 月 19 日

八時卅分起。昨睡不佳，覺頭昏。

九時許，君武兄來談，立法院審查憲草之經過，並談本屆代表大會之趨勢，因暢論幾年來黨內情況變遷，謂國民黨僅有許多未取得黨籍之黨員，而實為黨魂之所寄者。今此等人多牢落消沉，反謂黨不充實，殊非至論。言次殊深感慨。十一時始去。

述庭來長談，留與午餐，一時卅分去。為許行彬被繫事託余緩頰，即發一電致黃主席。午睡一小時，頗不寧貼，三時十分醒，結束行李，遷寓靈隱路八號新居。

核閱四組來文十五件。六時赴軍校應蔣先生約晚餐。汪、葉、戴、溥諸公及程頌雲先生同席。居、孫、于均去滬，立夫病，皆未到。晚飯後擬發三電：一、祝居壽；二、致馮煥章請出席；三、致寧波旅滬同鄉會為寧波實業銀行事。十時卅分歸寓，十二時寢。

10 月 20 日

晨七時五十分起。九時思圻哥辭別回滬，為良英甥致琢堂、贊侯各一書。

鶴兄來訪余於新居，盛稱地點幽靜，宜于攝養。昨枕公來訪，亦贊其地清曠。

十一時去軍校，以歷屆代表大會彙刊及憲草修正案交汪秘書，託其函備委員長索閱。在官邸晤蔣養春兄，即與同車到余寓小坐。楊醫官偕來，為余注射藥劑。

二時十五分委員長去奉化，何侍衛長、汪秘書、蔣參謀等隨行。余奉命暫留南京，如有事再來電約，遂送至機場，俟起飛後歸寓。在機場晤馬市長，與談廣東近況，知李君佩已來京，擬約余談話。至中央飯店訪葉司令蓬，並視叔眉。晤君誨，季屏先生邀余吃蟹，以事辭。頌皋、復恆、景薇、滄波來訪同往老萬全晚餐，八時歸寓。允默、明、樂自滬乘一時半車來京，七時卅五分到。十一時

卅分寢。

10 月 21 日

晨八時起。馬星樵、盧作孚兩君來訪皆值余外出未晤。

九時金誠夫君來訪，攜示張季鸞君一函，並附下英國紐曼少佐 E. W. Pelson Newman 論英俄關係（載英國現代評論十月號）譯文。

十一時乙藜來談，彼甫自北方歸，言華北人心已極散漫，再無決策將不可收拾云。

午後偕允默、兩兒出游，約學素同往，先至清涼山，繼至莫愁湖。因明兒絮絮詢莫愁湖事，購湖志一冊歸。旋至後湖五洲公園，游眺甚久。入城游雞鳴寺，學素有事先行，余等復至吳園進小食而歸。在雞鳴寺挈得一籤，語在可解不可解之間，係答余問何日得脫政治生涯者。其語曰：

冷水來澆白雪霜，不寒不熱恰溫涼；

要行天下無難事，唯有中藏一藝強。

七時，宗武招飲，座中有齊世英及味莘、慶祥、滄波、復恒、頌皋、佛海諸君。談笑極懽。餐畢，佛海同車過余寓略談而別。十一時寢。

10 月 22 日

晨九時二十分起。

十時實之弟來訪，接洽寓中賃器具等事，並攜來友

人託轉函件數通。

接徐青甫先生來函兩緘，論經濟革命及物品證券事。近來一般人對閻錫山氏物產證券及按勞分配辦法異常注意，徐君之說與閻氏主張相呼應。余總以為理想太過，行之必多窒礙也。

十一時往中央飯店訪盧作孚君。其室內有學生三人，皆布衣短裝，助盧君作繕寫等工作，詢知皆民生公司之職員。盧君對四川建設廳之新命擬辭不就。又談旅行平、津、粵、桂之感想，力言國民和諧為抵抗外侮之前提。談至一時始回寓。偕允默往訪實之弟夫婦，小坐即辭出。擬往周宅，知周夫人尚未回京，遂出城，至明孝陵游眺久之。以時晚不及游孫陵，遂歸。居副官來接洽五組事。晚飯後往常府街訪果夫，晤鄭亦同君，十一時歸寓即寢。

10 月 23 日

八時四十分起。

十時一刻公弢來訪，彼甫自滬歸，談及戈公振以盲腸炎變腹膜炎昨日在滬逝世。

公振治學治事富有積極精神，對體育衛生尤極注意，竟以腹疾不永其年，歐游數載，所積之經驗不獲實施，以策新聞界之進步，實遠近知者所一致悼惜者也。

十二時赴童家巷十七號玄圃應元冲之約午餐，座中有張溥泉、趙芷青、李子範（鴻文）、張蕁鷗、彭醇士、衛挺生、何敘甫諸君，讀敘甫黃山畫冊及元冲伉儷題詩。

　　午後彝鼎、晶齋兩秘書來，以閻錫山產業證券辦法交彼等研究。

　　偕允默往莫干路十六號訪滄波夫婦，小坐回家。晚餐後往永慶巷訪公弢夫婦，九時歸。

　　十時盧作孚君來談：（一）桂游所感；（二）和諧運動；（三）介紹范旭東君。盧君健談異常。十一時後始去。

10 月 24 日

　　晨七時四十分起。曾伯猷、方俶新來訪。

　　八時赴中央黨部，出席一九三次中央常會，晤覺生、右任、藹青、伯羣、慕尹、道藩諸君，討論例案十八件。決定額外指派代表之名單，各省市代表有為指派問題及候補中委列席改為出席問題到中央請願解答者，常會推楚傖、溥泉、道藩三君接見之。

　　十時卅分回寓，張肇元、董杏生兩君來訪，為兵工廠側基地事託予轉陳，以不詳其事卻之。昨、今兩日陰雨變寒，身體精神復覺疲頓不支，午睡二小時。

　　四時接委員長電囑與果夫接談要件後即赴奉，以電話約果夫，知已去鎮江矣。即至常府街與彼通長途電話，久之始接通，謂將有信來商。六時歸寓，偕允默攜兩兒應滄波之約往寓晚餐，醒亞兒及實之夫婦同席。八時返寓，往訪楚傖，談至十一時卅分歸。即就寢。

10 月 25 日

晨七時卅分起。

盥洗畢，略進小食，即往下關乘特快通車赴滬，學素亦僑送至車站。臨別以自反錄十三冊交學素，囑其校閱，並加圈點。

車中晤教部舊同事彭百川君，彼現任崑山縣長，談縣政甚有興味。言崑山某氏藏有顧亭林天下郡國利病書初稿，係亭林及其弟子手鈔本，已付影印，擬分贈海內外各界，藉以募集資金，為亭林修墓云。二時卅分車抵北站，以時尚早，至福康里一行。晤志忍，略談。已而公展來訪，談晨報近況及戈公振君身後各事。四時公展去，即雇車至寧紹輪，六弟來送行。五時船開，與錢慕尹、謝蘅牕諸君談話。同舟有劉幼甫君，黃埔四期生、在楊森部任參謀事，談川邊剿匪軍事。六時卅分晚餐時船已出海，風浪甚大，不能久坐，九時即就寢。

10 月 26 日

晨六時起。

六時十五分抵甬，胡漢修君自溪口以車來迎。慕尹夫婦亦往游雪竇，遂登岸，偕赴奉化，八時許抵溪口，晤袁廣陞、莫我若、鄧士萍諸君，知委員長在山上，即至入山亭，乘輿登山，中途肩輿槓子損壞，幾傾覆。至千丈岩相近晤周企虞及陳厚甫次長，九時卅分抵妙高臺，見委員長報告京中近況，略進小食。承命擬致粵中各委函稿，即

至雪竇寺左側中國旅行社招待所小憩。擬函六緘，電稿一通。一時卅分下山，在武嶺學校午餐。三時委員長自山上野餐歸，將函電諸稿，呈請核定時已四時一刻，即辭別乘車赴甬，廣陞送余同行，到江北岸已四時五十五分。寧紹已開行，知尚在鎮海裝貨，即與洽卿先生乘汽車遵鄞鎮慈路到鎮海下船，慕尹夫婦已先在，並晤劉研齋君。夜風浪甚大，略有嘔吐，十時餘始入睡。

10 月 27 日

晨七時起，以有濃霧，故入港較遲，抵埠已八時許，六弟來迎，邀與早餐，餐畢即下輪至福康里。接楚傖來電，知季陶未到滬，囑余先回京。

九時卅分往西愛咸斯路三八三號訪孔庸之，攜交委員長函件數通，與談粵中最近情況，及接洽情形，並以委員長致亮疇、展堂二公電交彼代發。十時十分自孔寓出，順道至亞爾培路五二〇號訪岳軍，晤趙君厚生于門首。厚生言：「從道遺處時聞君之近況」，言之屢屢，狀殊奇特，蓋其口訥而意極殷也。與岳軍談約半小時，即歸福康里。晚兄來談近日滬謠甚熾。十二時午餐，吃極鮮美之荳腐羹。一時至北站，乘京滬通車回京。車中無事，讀后山詩集五卷，並繕錄要件兩則備查。六時過鎮江，藹士、驥先諸君上車，始不寂寞。七時四十分抵下關，即與學素等同車進城，至寓一轉，即至楚傖家，接洽各事。知今晚不及去戴宅，遂歸補記日記。十一時寢。

10 月 28 日

晨八時起。

九時往試院路三號訪季陶先生，商酌致西南各委函稿，並談粵中情形。十時辭出，赴中央黨部，見楚傖告與戴晤談之經過。適京市各區分部黨員二百餘人為補派代表事向中央請願，楚傖在大禮堂答覆，因在秘書處作待久之。十一時略談即歸。聞佛海曾來訪，即偕允默往彼寓答訪，攜樂俱去，小坐回寓。滄波來談憲草及其他各事，留彼午餐。午後公弢夫婦來訪，索去小孩照片一幀，約余等卅日夜往彼家晚餐。

委員長今日自奉化飛來，四時卅分抵軍校，即與甸樵往見，報告一切，六時歸寓。

夜孟海來訪，出示回風堂詩稿樣本，蕭山朱氏別宥齋所刻也。孟海居京稍久，世事愈諳習，而不減書生本色。八時作人、元瓚同來訪。九時季鸞來，談外交及華北事，約兩小時客去，即就寢。

10 月 29 日

八時十分起。

轉呈五組報告二件：（一）國聯對意大利制裁問題。（二）閻錫山土地村有辦法之利弊，呈閻孔來電一件。

作函數緘分致四弟、曉峯、伯偉諸人。

九時往軍委會官邸見委員長，適季陶、楚傖、立夫在彼有所商談，余亦參加。旋楚、立兩兄退出，季陶接洽

南行轉達各事，余遂退至秘書室小坐。錄外部覆蔣大使及
情報一則，本欲再見委員長報告，以客多且時近午，遂歸
寓午餐。午後小睡沐浴頗覺舒爽。

本日奉諭派定工作，以川、滇、黔、陝、甘剿匪及
鄂、川、湘邊區剿匪軍事歸第一處辦理；以黨政會議事務
歸第二處由余辦理；以其他各省剿匪及本京各機關文件歸
辦公廳辦理。

為孫蒂侯之父岳卿孫君作六十壽頌。擬覆馮煥章電稿。

葉孛孛司令以午後三時來訪，免官以後意態不無悒
悒，其實亦何必爾。十一時寢。

10 月 30 日

晨七時卅分起。

八時去軍委會核辦來電四、五件，並訪甸樵主任晤
談。李秘書請示工作，囑其乘在京時間，搜訪蘇俄與各國
間之關係材料。

十時往戶部街訪力子先生，不見半年餘，鬢髮之白
者愈多，容顏亦蒼老，知劬瘁甚矣。談陝西軍政情形及都
中近事。十一時歸。

午後監察委員會開常會，到者子民、稚暉、力子、
春濤、陸東、登同及予，討論例案七件。

六時公發約晚餐，偕允默掣兩兒往赴之。七時赴軍校
應蔣先生之約晚餐，座中有協和、百川、漢卿、庸之、力
子、稚暉、石曾、覺生、右任、季陶、楚傖、果夫、立夫

諸君。餐後與委員長略談，即偕季陶赴楚公家談赴粵事。
季陶對本屆大會注重中委人選。談至十二時歸寢。

10 月 31 日

七時卅分起。

呈核電文十四件及河北商主席來電（報告津日領川
越及武官中井、高橋提出通牒公函，並補充談話事請示應
付方針）。

八時赴軍校官邸，晤立夫兄。旋即出席中央一九四
次常會，楚傖出示戴函，知對粵行又有變化。即往告委
員長，彼聞之殊不悅，命予約戴十時來談話。予往戴宅
未見面，至中央黨部晤楚傖後再去戴宅，偕之同至官邸，
則汪院長、唐次長、何部長等方會談華北事，遂參加旁
聽，即在官邸午餐。餐畢，委員長與季陶再談粵中之行，
始定。午後疲甚，小睡一小時餘。五時應召往官邸，七
時回，晚餐。

夜佛海伉儷來訪，對阿樂極表愛憐，談至十時卅分
去。十二時寢。

11 月 1 日

七時卅分起，核辦文件八件。

本日六中全會開幕，余以事為參加謁陵。八時卅分往中央黨部，九時行開會禮，汪先生致詞，共到委員百卅人，粵委五人，亦趕到出席，人之踴躍為歷次所僅見。禮畢攝影，乃發生一重大之狙擊案，汪先生身中三彈倒地，兇徒孫鳳鳴為晨光通訊社外勤記者，當放鎗時，為張溥泉先生所見，前往抱持，漢卿亦往助，遂被執。事出後，會場警衛立閉大門，施行搜索，復獲嫌疑犯六人。十時卅分仍開預備會，推定蔣、汪、戴、顧、于、居、孫、丁、陳諸委為主席團，推蔣、孔代表赴中央醫院慰問，十一時四十分散會。午後小睡，適公弢來，遂起，而公弢已行矣。三時，蔣先生招往談話，出與旬樵接洽軍隊代表出席事。晤陳辭修未詳談，即至中央宣委會審閱新聞稿，與彭科長略談。旋至葉宅與楚傖、同茲接洽發表新聞事。六時歸家，滄波來訪，知滬謠極熾，繕擬致粵中各委函。並擬分致蕭、鄒、李、白各函。九時卅分蔣先生招往詢外間情形，以所擬函稿呈核，即出至中央飯店理髮。暢卿今日到，寓三〇七號，適漢卿、岳軍、雪竹、嘯天均在座，談至十一時卅分歸。十二時卅分寢。

11 月 2 日

八時起。

今晨許汝為先生到京，余本擬往迎于車站，以太生

疏，未往。次行今日自滬來暫住余寓。

九時赴中央黨部，開第一次會議，蔣先生報告汪病勢無礙，熱度亦退，全場鼓掌，表示歡慰。繼中常會及各院報告，唯考試院有口頭說明。討論憲法草案案，季陸表示未到實行憲政之時期；孫鏡亞謂不妨有此準備；李協和主張應頒布憲法；決議：特組審委會指定審查委員五十八人，余亦在被指定之列，十一時四十分散會。偕岳軍、佛海同赴佛海家，約暢卿、力子、天翼同來午餐，並談憲法事。公弢等先後來，三時回寓。周夫人及慎予夫人均來余家，邵夫人亦來訪。四時，蔣先生往約談，出至軍需署，訪枕公，囑代委座送旅費與季陶先生。五時歸家。志希來談憲法事，即留晚餐。八時往訪元冲，商憲法事，攜得玄武湖修禊詩集一冊而歸。在元冲家晤許汝為、居覺生先生。二君先行，余與元冲伉儷談至十時始別，往訪立夫未遇，遂歸。十一時卅分寢。

11月3日

晨六時卅分聞電話聲即起。

七時往官邸與委員長接洽戴、馬南行事，並報告昨日所聞關于會議之情形。

八時出席憲法草案審查委員會，先與楚傖、岳軍、漢卿接談，八時卅分開會，覃理鳴、梁寒操、黃季陸、李協和、程頌雲及石曾、力子、志希等均有發言，最後由主席孫院長指定：葉楚傖、甘乃光、羅家倫、梁寒操及余組

織小組審查會整理意見，報告于明日續開之審查會。十一時卅分接電話後往軍校見委員長，適宴請許汝為，遂留午餐。居覺生先生及季陶均在座。餐畢，到中央飯店一轉，二時出席小組審查會。二時卅分往戴宅略談，仍返會，草擬報告二則，四時散會，回家。覺略有倦意，和衣而睡，甫合眼，委員長又以電話見招，即往談，晤劉瑞恆署長，知汪病無變化。七時回家晚餐，餐畢到中央飯店，偕季鸞同往謁委員長，談一小時出。到中央訪亞子，戶部街訪力子，均未晤。旋至東亞飯店晤杜荀若君，託其致意馬將軍。十時卅分回寓，十一時寢。

11 月 4 日

七時十分起。

財部發表統一集中準備，並放棄銀本位之緊急處置令。本日戴、馬二君乘客機由南昌飛粵，八時到明故宮飛機場送行，中途晤考試院職員，知已于八時廿分起飛，即回軍委會，拍電廣州報告並代戴、馬發一電。

九時出席六中全會第二次會議，十時卅分畢，即開教育組審查會，未及終會，先請退席回寓。作致四弟函及戴縣長函，託秋陽赴官橋一行，帶去致啟麟哥及伍象三君函各一緘。

十二時應元冲約晚餐，覺生、汝為、君武、力子夫婦及許公武君同席。允默以病辭未往。餐畢，即赴中央黨部開憲法草案審查會。決議採納小組報告。三時散會，與雪

艇、屬生談憲法案。與立夫談黨務。至五時歸家。天氣驟
寒，添衣二襲。六時卅分往安樂酒店訪季陸及粵來各委。
鄧青陽、詹菊似、李任仁、李綺菴、崔廣秀偕赴官邸，應
蔣先生約晚餐。寒操、慶雲及張向華同席。餐後會談一小
時餘。十時卅分回寓。與次行談話。十一時卅寢。

11月5日

八時卅分起。

昨晚服安眠藥睡稍安且久。今晨覺舒適許多。

九時出席六中全會第三次會議，各案均大致結束。
因五次代表大會在即，多數主張不發表宣言，而以閉幕詞
代之。散會已十一時卅分矣。

十二時赴光東商店酒菜部午餐。應王陸一君之約
也。座中有楊虎城、曹佩言及振東、挹峯、元冲、陸東、
蘭友、諸君。陸一詼諧百出，肴饌亦特美，飽飫而歸，已
二時卅分矣。酬酢之耗時如此。

乙藜催詢對于高小國語教科書之批評，以前擬審查
意見抄送，囑其轉示楊今甫。

四時小睡醒，即起草明日全會閉幕詞，承于先生及
葉秘書長之囑也。措詞太難，至五時始動筆，七時四十
分脫搞。孫哲生先生約晚餐，以有文字工作，不能往，
函謝之。

九時赴蘇州同鄉會，訪楚傖先生。會中適演崑劇，
小坐遂歸。十時卅分寢。

11月6日

七時起。

以蔣先生電召，七時四十分即往軍校商量閉幕詞之內容。旋即同赴中央醫院，八時卅分往中央黨部，修改閉幕詞文字。聞靜江先生昨夜翻車傷腿，未暇往視也。

九時六中全會舉行閉幕式，參加者九十餘人，于先生致閉會詞畢，十時許散會。

十一時再往軍校見蔣先生，復至中央黨部，囑中央通訊社對今日稿有所改正。

午後鄧青陽君來訪，談西南情形及執行部與政委會對于外交、黨務、政治之希望。總括其意：即中央如迎胡歸國，一切均迎刃而解也。夏靈炳君來談，約四十分鐘去。

雪冰過訪，談新疆情形及歐陸局勢。以彼觀察，在一、二年內歐洲不致有大規模戰事。又謂：蘇俄現在決無西顧之憂，日俄衝突旦夕不免云。佛海、滄波先後來談。

晚七時再赴軍校官邸，以與鄧青陽談話情形報告蔣先生。覆季陶院長電告明日派新福特機赴粵候接。德民、應鵬來訪。十一時寢。

11月7日

晨八時起。

七弟自杭來京，攜來戰史初稿五冊。

九時劉季生君來訪，談馬超俊君南行後來電及粵方近況，與哲生先生之觀察。

十時魯若蘅偕湘省府秘書張君來訪。魯談民國大學事，張代何主席訪問。

十一時去軍校，辦發函電七件。請楊醫官注射Bioplastina 藥針，黃杰、衛立煌兩人請示應否來京，奉准于開會前一日來。劉建緒亦准來京。孫楚可緩來云。

七弟攜來南湖蟹一挈，午餐烹食之，今年余尚為第二次吃蟹，故紀之。三時小睡，四時醒。

六時往陵園一六四號孫公館晚餐。季生、廩丞兩君作主，哲生亦出而招待。于、馬（君武）、許、戴（恩賚）諸君同席。

七時十分由孫宅辭出，往軍校官邸晚餐，同座有張伯苓、鵬冲兄弟、張季鸞、丁在君、翁詠霓諸人。晚餐後，擬發季陶一電，陪蔣大使談話，往安樂酒店訪向育仁、熊慕顏二君，談一小時餘。又至江蘇路十三號訪何芸樵不晤，歸。十二時寢。

11月8日

七時廿分起。

辦發去電五件。

熊訒如世伯偕章乾修來訪。熊先生極言武人謳言戰事足以亡國，並攜贈國聞報存稿一冊，謂今日之事，與乙未當時相類，故四十年前之老話，不妨重提也。

十時卅分赴中央醫院視汪先生及靜公疾，因醫生禁絕見客，僅在客室略坐，詢問病狀。知經過均極好，與佩

簽、澹如等略談而出。至三元巷訪翁詠霓未晤，旋至沙培園二十號訪蔣大使，適抱病發癢未出見。晤其秘書王秀鐘，談彼等離東京時，日外務省之空氣尚佳。十二時卅分回寓。

午後黃子蔭（大偉）王式園來訪。旋潘伯鷹秘書來談，囑其代擬陣亡將士公祭祭文。

六時赴寧夏路一號，應呂蘧孫先生之約晚餐，肴核精美，座中皆浙省舊侶，談讌極歡，九時始散。接季陶廣州來電，即去軍校謁委員長，未晤，留函而出。發謝慧生電。十一時公展來談。十二時就寢。

11月9日

七時卅分起。

秦則賢偕其婿李子欣來訪，攜來潤卿先生函，託為則賢謀事。季俞自杭州來。

八時卅分赴明故宮飛機場歡迎戴、馬二君自粵回京，在機場晤溥泉、覺生、楚傖、汝為、寒操、籌碩、慶雲諸君。九時五十分機到，即偕二君同至軍校，見蔣先生，略談即出。至中央醫院視汪、張兩先生疾，與褚秘書長談，知汪先生右頰子彈已取出，昨晚甚安靜。又與澹如談，張先生之折骨亦可接治復原。遂與季陶同至戴宅。為蔣先生擬電三則。旋楚傖來，共同酌定即在戴宅午餐。一時回寓，將各電交發，並錄送馬星樵。二時叔眉來訪。三時小睡二十分鐘。頌皋、復恆兩兄來談，五時一刻去。潘伯鷹

來，攜去關於陣亡將士營葬材料。六時往軍校謁委員長，
請派飛機往迎粵中委。旋又至戴宅，與驪先接洽後即回家
晚餐。呂參軍長約晚餐未往。夜與史顧問接洽准明晨七時
派兩機赴廣州。電劉紀文、李德濤報告。九時往佛海家小
坐，十時卅分回寓，即就寢。

11 月 10 日

七時二十分起。

派粵飛機薩伏亞及老福特均于七時二十五分起飛，
急電紀文報告。

七時卅分往軍校官邸應邀談話，命擬代表大會開幕
詞，對于儀式及秩序有所指示，囑往就商于葉秘書長。出
至五組辦電稿數件，與旬樵略談，晤蔡勁軍，知昨晚上海
竇樂安路越界築路地區有日本海軍陸戰隊一人被人鎗殺，
日人要求緝兇甚厲。此案疑點重重，亦殊可大可小也。八
時卅分到中央黨部訪楚傖，商定開幕式秩序，向秘書處調
取報告數件備參考。九時卅分歸寓，允默關心滬事，以長
途電話與滬寓通話。旋葆靈先生來訪，託為其次子又新進
行經濟研究室。季俞來談南京民教館事，十二時去。午後
蒐集材料，預備作文，客來甚多，殊苦之。

自三時起，一律謝絕小睡，仍未能寢，即起。方擬
動筆，力子先生伉儷來談，即留晚餐。晚飯後談良久而
去。至九時卅分始動筆，擬開幕詞。一時二十分脫稿，與
七弟談留學事，二時卅分寢。

11 月 11 日

七時卅分起。

七弟今晨八時車返滬轉杭，託攜去致伯兄、四弟各一函。

八時赴中央黨部出席總理紀念週，由居覺生先生主席，並報告貨幣改革與司法方面之關係。九時出席一九五次常會，決定特許廣東推派之海外代表列席，並擬定大會主席團人選等案。予被推為提案起草委員會委員，葉、戴、君佩、立夫、公博、寒操、佛海、孟碩共九人。十時散會，回寓一轉，即赴軍校。旬樵為四十四軍孫軍長列席問題有所商洽。往中央黨部訪黃仲翔未晤。即往陵園小築訪謝慧生先生，代蔣先生慰問。十一時卅分到勵志社訪暢卿，談外交近事。十二時往立夫家午餐，龐更陳、孫仿盧、芸樵、雪亞諸君同席。一時卅分到飛機場，代蔣先生迎接粵來各中委：林雲陔、劉紀文、黃旭初、陳耀垣。偕至首都飯店午餐，四時同至官邸謁談。核閱文電四件，出至中央飯店訪公展未晤，六時歸寓。頌皋、復恆、偕公肅來談。公肅方自海外歸也。晚飯後擬辦文電共六件。果夫等約往蔣先生處會談，余以疲極發冷未赴。滄波來談外間活動中央委員之情形，九時去。十時就寢。

11 月 12 日

八時起。

整理各軍隊代表請示出席之文電多件。

　　九時卅分乘車出中山門，赴總理墓參加謁陵及總理
誕辰紀念畢，即在陵前舉行第五次代表大會開幕式。林主
席宣讀開幕詞，偕厲生、子樵到陵谷寺小憩飲茶。十一時
十五分進城，到軍校，閱陳伯南、劉塵蘇、吳鐵城等來
電，謁蔣先生有所報告，並面受本屆宣言要點，回家午餐
已一時許矣。申報記者沈九香君來談，約半小時去。黃大
偉君約晚餐以事辭。

　　複閱高宗武君所擬外交方案，即為標點轉呈，並摘
譯日本報紙譯要五則，交維庸繕呈。

　　閱新聞檢查所扣留電訊十餘紙。三兒以今日天雨無
繪測工作，歸家省親，教兩弟學畫。

　　四時五十分往常府街訪立夫，商定特准，孫震（41
軍長）、陳新超（29軍副師長）、陳芝馨（4軍副軍長）、
王治邦（29軍副師長）列席大會事須明日提出決定。晚
飯後擬陣亡將士公墓籌備委員會總報告書序。七時開始，
十時完稿。十一時寢。

11月13日

　　七時卅分起。

　　盥洗畢，接戴宅電話，即往談晤。楚傖略談即去。
余與季陶談會後之黨政改革方案，季陶以遠兒昨繪中山先
生像送彼，遂以彼昔年為黃太夫人所書孝經相檢贈。八時
卅分偕往中央黨部出席五次代表大會預備會，通過資格審
查會報告及會議規則，抽定席次，對主席團人選俟明日決

定，十一時四十分散會，即歸家午餐。李立侯君來談黨務
改革案及實施憲政之意見，前後五十分鐘聽完疲極矣。

季俞來談，決就蘇教廳委任南京民教館事，即為介
紹往見佛海兄。二時張蓴鷗及張西林過訪，知滇代表陳秀
山、裴存藩、龔仲鈞皆已到京，並道龍主席相念之意，談
約一小時去。

草擬關於憲草之意見書未完，七時應蔣先生之招，
往軍校晚餐。黃膺白、吳達詮、周作民、錢新之及岳軍、
暢卿均在，飯後談考察團在日本之所見，直至十時卅分始
散。張明鎬君來談，十二時寢。

11 月 14 日

七時卅分起。

俞頌華君偕申報月刊記者來訪。俞君方自四川歸，
詢余對於月刊改進之意見甚詳。

八時卅分往中央黨部，出席五次代表大會第二次預
備會議，通過主席團人選，加推吳忠信、陳果夫、樂錦
濤、王泉笙四人，合昨日所推之四人為廿三人，合組主席
團。並通過慰問汪疾，電胡回國，二案。十時廿分散會。
佛海偕來我家，商酌憲草修正要點之文字，囑學素抄寫二
份。十一時五十分去軍校官邸午餐，宴粵、桂中委及代
表，賓主共二十六人。午餐畢，與盧隱談話。二時卅分偕
來余寓，談別後黨國變遷，不勝感喟，蓋不相晤者已四年
矣。四時許始別去。辦文電五、六件。六時往中國銀行訪

暢卿，略談而出。到交通旅館訪浙代表胡、方、鄭、羅諸
君，未晤，遂歸寓晚餐。八時，往大方巷招待所訪桂代表
張任民，旋又至高家酒館四二號訪立夫、蘭友均未晤，至
佛海家接洽憲草事，晤前教廳科長吳劍真，十二時歸。

11月15日

七時廿分起。

俞頌華、王紀元兩君再度來訪，匆匆略談即去。

接蔣先生電話，即赴軍校晤熊哲明、唐佛哉諸君。
蔣先生交下戴先生所擬意見，書囑即親自送去，以開會時
間未到即至第二處辦公室核發文電五、六件。九時，赴中
央黨部出席五次代表大會第一次正式會宣讀中央執監兩會
報告，通過候補代表及特許軍隊代表列席案多起，又通過
各組審查會名字，余被指定為決議案整理委員。楚、仲
公、寒操、仲鳴、溯中、健羣同組。

十一時散會，滄波來談。十二時赴軍校，見蔣先生
交下接洽之件六、七種，遣居副官持函交往張岳軍先生，
並通知川滇軍隊代表。即往訪果夫，二時回寓午餐，餐畢
小憩。四時再赴軍校，交下憲法修正提案稿。出至戴宅，
適季陸、蘆隱在後，與戴先生長談，余靜待一小時餘，六
時許辭出。再至果夫家，交還意見書二件，留函而出。至
高家酒館四十二號，與蘭友、佛海談。八時回家晚餐。九
時卅分赴下關訪陳景韓、商宣言文字，晤董顯光君。十一
時廿分歸即寢。

11 月 16 日

七時二十分起。

昨晚大風撼窗呼呼然終夜不止，屢為驚醒，未成眠，晨興時頗感睡眠不足。

偕佛海赴軍校謁蔣先生，談憲草及經濟改革與全會宣言事，辦電稿二件。

九時至中央黨部，出席代表大會第二次會議，由何軍政部長作軍事報告，蔣先生代汪院長作政治報告，最後並報告對外方針，全場鼓掌。十時四十分討論審查組提出各案，余衣薄不耐寒，遂退席歸。辦函電四件。今午蔣先生宴中部諸省代表，余未往。

午後小睡一小時餘。劉總指揮建緒來訪，詢對于國民大會及黨部改制等意見。

葛武棨君來訪，談西北剿匪之艱苦。程起陸君來訪，代商啟予先生致問候意。

七時十五分赴軍校，見蔣先生。陳景韓君亦來談，遂留晚餐。子文先生來談滬上情形。八時卅分送景韓至下關中興公司，十時十五分歸。讀陝西中部縣志，中部即橋山陵所在，此志力子所貽也。十二時寢。

11 月 17 日

晨醒，覺疲甚，再睡至十時十五分起。

今日代表大會休會，唯各組審查會照常進行。整理會議中文件，並閱歷屆代表大會之決議，準備大會結束時

發表文字材料。

閱政治會議工作報告及行政院工作報告，覺最近兩年間之交通建設確有相當進步，較之二十年之前有不可同日語者。唯教育方面則消極的整理為多，只義務教育略具推動之機而已。接陳劍翛及程起陸君請束，均婉謝之。炳甥來談良久而去。

午後三時偕允默攜明、樂兩兒外出，擬往游五洲公園，以斗室苦思，覺腦力殊鈍，故擬外出轉換空氣。旋以積明欲參謁明陵，遂出中山門至孝陵游覽。五時入城，到吳園吃點心，順道送至邵宅，訪力子先生，談河北情勢與對日外交。力子之觀察似謂最近不致有急遽變化。七時回寓，校閱蔣先生昨日在全會之政治報告紀錄一篇。覆公弼函。十一時卅分寢。

11月18日

八時起。

九時赴中央黨部出席第三次會議，討論國民大會召集日期案，發言者十餘人，多半主張此時不宜實行憲政，亦有人主張宣布結束訓政，而定此時為憲政開始時期，一面略為修改政制，一面趕速於四年內完成鄉村及省縣自治者。討論良久未決，由主席團交審查。繼推定宣言起草委員十一人，為鄒魯、戴傳賢、王陸一、陳公博、梁寒操、葉溯中、潘公展、楊一峯、彭昭賢、劉蘆隱及余，由戴、鄒召集。十一時卅分余先退席，歸寓一轉，赴軍校參加招

待滇、川、鄂、湘諸省代表之午餐，二時歸。

三時，錢端升君來訪，談言論公開及宣傳政策，約四十分鐘去。核辦文電八件。

四時赴中央黨部，檢取參考文件與子壯、啟江等略談而歸。閱軍事委員會報告。

夜八時接電話，即赴軍校，適楚、果、立三君及張漢卿均在彼，會談二小時歸。過中央飯店訪公展、仲賢及陳秀山、蔣伯誠均未遇。十二時寢。

11 月 19 日

八時卅分起。

乙藜來訪，談中德互換商品事。

九時赴中央黨部出席第四次會議，主席團指定憲法草案審查委員二十五人：吳稚暉、李文範、覃振、許孝炎、李中襄、方覺慧、陶百川、鄭亦同、許紹棣、陳布雷、梁寒操、陳立夫、林雲陔、周伯敏、臧啟芳、彭革陳、周佛海、張知本、孫鏡亞、劉蘆隱、詹菊似、谷正綱、羅霞天、駱介子、王憲章。由吳稚暉、張溥泉召集，繼討論提案及本屆中央委員選舉之方法，會場內爭辯頗烈，結果交黨務組審查。蔣先生臨時報告對外關係及其應付之方針，措詞痛切悲壯，聞全場一致動容，表示接受，余以事於十一時退席，未得親聞也。

承主席團之囑託，草擬對於國民政府政治、軍事兩報告之決議案，屬稿未竟，以事中輟。

　　二時接電話赴軍校見蔣先生，命將今日所講對外關係之演詞譯成英文發表。即至中央黨部覓取原稿，回至軍委會，交古秘書翻譯。四時出席憲法草案及國民大會問題審查委員會，六時散會，回寓，又接電話，赴軍校，旋即至孔公館，將演詞譯稿講請蔣夫人審閱修改，八時卅分回寓晚餐。因待演詞譯稿，直至十一時卅分接電話，知已由孔宅逕發，十二時寢。

11 月 20 日

　　九時四十分起。

　　本日陣亡將士公墓落成禮，余以連日疲勞太甚，補足睡眠，故未往參加。

　　十時卅分將政治報告及軍事報告之合併決議案起草完竣，交學素繕寫數份。

　　十一時卅分接蔣公館電話，即趨車前往，則委員長赴遺族學校尚未回，孫震、王纘緒兩軍長來，代為接待。十二時孫、王二人去，季寬、雨岩、暢卿、岳軍、天翼及外部兩次長與閻百川先生均來官邸談華北事。

　　十二時卅分，何部長偕殷桐聲來見，庸之先生亦來參加，一時卅分午餐，溥泉、勵齋、允丞、鼎丞四先生來謁，委員長詢華北近況，余承命代擬覆宋明軒一電，直至三時始歸。到中央黨部，以決議案草稿交楚公。五時出席宣言起草委員會，因本日主席團討論要案至八時始開會，蘆隱、公博請假未到，由鄒海濱主席商定要點，推余起草

初稿。季陶發言最多，且擬有綱要，經討論後決採用之。散會已九時卅分，即在第一會議廳晚餐，餐畢歸寓已十時二十分矣。旬樵來談，十二時寢。

11 月 21 日

晨七時起。

今日第五次大會通過國民大會於二十五年內召集之。余請假未往，託溯中代領議事日程備查。

七時十分赴軍校官邸，蔣先生適進午餐，邀余至書室談話。詢昨日午後主席團開會情形及孫哲生因何辭主席團職務，余以所聞於梁寒操者告之。蓋寒操語我，似謂由於不滿十九日若干代表不守紀律斥主席團為包辦而發也。並談宣言起草委員會開會及戴先生大受感觸事。八時，蔣先生往陵園視孫哲生，命余去戴宅慰問戴先生，余往戴宅則大門緊閉，由側門入，戴先生出見，顏容憔悴，憂憤溢于眉目間，與余談大局如此，黨員如此，復有何望。並示余請假函，擬不出席大會。余力勸其為大局容忍。八時五十分送之至中央黨部遂歸。

午後準備起草宣言，覺頭緒太繁，布局不易，構思甚苦。五時偕學素赴五洲公園散步，閒談藉以調節腦力。七時歸。夜，起草宣言中段，完成八節，直至一時卅分寢，頭痛神疲，神經興奮，不能入睡。

11月22日

晨興已九時，因昨夜僅睡三、四小時也。

十時起草宣言中段之第九節。接戴先生函，論內務行政之重要，宜加列一條，遂合併憲法案另成一節。繼又續寫第十節，至十二時卅分尚未完竣，遂休息午餐。

午後小睡，以心繫文字，不能熟睡，假寐卅分鐘即起。接四弟函，貢華自漢抵京，午刻來訪，略談而去。

李德隣自南寧電五全大會主席團及各代表主張三點：（一）對外應有積極之決策，不能再存和平妥協之奢望；（二）依均權制度之原則及去年汪、蔣二先生感電，確定中央地方之正當關係，使各省區充分發揮行政效率；（三）提高黨員權能，開放言論，尊重結社集會自由。

午後三時續成第十節，覺腦筋疲鈍，不能運思，小睡復起，勉強完成總論及末尾兩段。七時脫稿，即囑亦僑攜往中央黨部付繕。八時偕允默，兩兒往周宅小坐，晤慧僧、慎予兩君，九時卅分歸。十時卅分寢。

11月23日

七時十分起。

昨夜仍未熟睡，以連日用思太過，且未服安眠藥也，聞電話聲而醒，頗感睡眠不足。

七時卅分赴軍委會，至國府路與蔣先生之車相遇，遂中止赴會轉車至成賢街口，何侍衛長奉命邀予上蔣先生車，商宣言內容及章節，同至中央黨部。與楚傖略談，至

第一會議廳見代表及職員之守候開票者濟濟一室，蓋夜來
均未睡也。有落選者，均紛紛要求設法補救，余厭其煩
擾，避入審查室休息。十時，季陶至中央黨部約予至秘書
長室商量最後修正稿，徐君景薇相助校改。十一時宣言起
草委員會開會，到海濱、季陶、寒操、溯中、公展及余六
人，再度宣讀補充，並刪改若干語，至一時卅分畢事，回
家午餐已二時矣。因疲倦甚，向中央黨部請假未出席。力
子先生之女偉真今日結婚，未及往賀。

午後三時五次代表大會舉行第七次會議，通過黨務
決議案，並報告當選中委名字。執委一二〇、候補六〇，
監委五〇、候補三〇。五時行閉幕儀式。六時赴考試院晚
餐，七時偕紹棣赴常府街，參加東南日報發起人會議，共
到十五人。十一時十分散會。歸寓即就寢。

11 月 24 日

九時卅分起。

接細兒來函，報告在校近況，此兒好勝心強，善怯
而多慮，余之弱點乃兼有之。

邵毓麟君來訪。邵君東京帝大畢業，為莘墅先生之
第三女婿，曾在川大充教授，今在外交部供職。邵君去
後，稚鶴來談教育部近況，託余為向王部長進言，十一時
始去。秋陽來談，將就中央日報上海分社事。十二時中央
黨部宴全部代表於勵志社，到三百餘人。蔡子民先民主席
致歡送詞，華北代表及南洋代表各一人起立致答，最後蔣

先生致詞，大致希望黨員人人自覺責任如何。雪黨國之
恥，救人民之痛苦，皆須吾人負責。此時正需要努力奮
鬥，希望在困難中益自振作，切勿沮喪。應知同胞總是同
胞，同志終是同志，主張或有異同，救國自救之目標則
一。此次大會在四分五裂之局面已將黨救起，前途甚可樂
觀，務當領導黨員，在最後時期為國家效命，慰總理之
靈。全場大鼓掌，二時散席遂歸。偕允默至常府街訪果、
立二夫人，又至邵宅訪力子未遇。至安樂酒店訪公展夫
人，六時歸。程君遠帆來談，談華北近況。滄波來談本屆
選舉後之反響。十一時寢。

11 月 25 日

上午九時卅分始起，以昨晚仍至三時後入睡也。一
星期以來，為腿上濕毒所苦，睡眠大減，精神頗受影響。
余七、八年來每至秋盡冬初，兩腿必患極細之疹瘰，年年
如此，而今年更劇，不知是何病症也。

慶譽來談，擬仍赴武昌。復恒來談，決辭商學院，並
商此後之出路。復恒去後，貢華來談，詢大局情形，及中
央政局。余與談五組今後工作方針，亦未有所決定。十二
時公弨來，留共午餐。秋陽亦來午餐，餐後與學素、秋陽
等談自身之出處，深覺力不從心，焦憤之至。

趙述庭兄偕其在美同學蔣維嶽（嵩高）君來。蔣君
留美十七年，專攻電機，現在湖南電器機器公司製有極廉
美之無線電器械，擬請資源委員會投資扶助云。向晚，覺

有極輕微之寒熱。勵志社公宴未赴。

傍晚楊不平君來訪，彼自南昌來，明日將離京，攜歐陽竟無所輯之四書新讀及詞品各一冊見贈。

夜八時，胡政之來訪，談平津變亂即發，大公報至不得已時決停辦。摘呈外交報告。十時卅分，服阿特靈一片半，即就寢。

11 月 26 日

午前睡至八時卅分醒，九時十分起。

今日行政院議決：以何應欽為行政院駐平辦事處主任；任宋哲元為冀察綏靖主任。

十時陸東來訪，贈余枸杞子一大包，此物彼所常服，謂可以袪寒，且極滋補云。談約一小時去。

雷儆寰君偕復恒來訪，攜來北平各大學校長致蔣先生電，託轉陳。並談華北近況及外交。

十一時卅分去軍委會，見蔣先生，報告華北情況，並詢木下求見事，蔣先生謂可婉卻之。又談下屆中央黨部組織及人選，余力陳不能在中央黨部任職之理由，要求其諒解，因聞外間擬議，有將以余繼楚傖之說也。一時回寓午餐，與學素談此後服務方針，當於首都以外求之。

二時侍從室舉行會議，討論大演習期間出發各事，會畢，與甸樵談處務。

處理公文五、六件，擬電兩則：（一）覆北平各大學教授；（二）覆孔轉王亮疇、胡展堂，均為華北事。

夜八時五十分往勵志社及鐵湯池訪鄒海濱均未遇。
十一時就寢。

11 月 27 日

八時卅分起。

潘伯鷹君來談良久，文士淪落不遇，可為嘆息。潘
君在行營獨喜與余共事，而侍從室內無法可以安置之，殊
呼負負。述庭兄伉儷來訪，其夫人孫學輝女士教育家也。
談兒童教育極有見地，並約余夫婦於星期五日午餐。午刻
以電話詢軍委會，知無要務，遂未去。

午後公弢來談京中新聞界對開放新聞之要求甚切，
與余討論良久而後去。

任士剛弟自滬到京，來談滬上自通貨管理後工商界
漸趨鎮定，至一週前之謠言與驚擾，則大半為投機者所造
成，並談工廠經營方針。旋胡應華君來訪，將仍回湘大
云。兩君去後，志希來談時局，激昂中不免隔膜太甚，余
一一為疏說之。六時赴五台山永慶巷公弢家晚餐。為邵女
公子與吳國儁君慶婚禮也。于右任、周伯敏、力子先生夫
婦、遂初夫婦、味辛、慎予夫婦及余家四人均到，飯後懽
敘，至十二時歸。

11 月 28 日

九時卅分起。

昨晚睡眠又不佳，服燈草蓮子湯，亦無效，心不寧

靜，宜有以克制之。

柏青來訪，謝遣送游歐之意，並報告在歐美考察情形，主張中國目前訓練青年，較提倡體育尤重要。謂提倡體育已覺太緩，趕不上應付世界大變局也，並贈余紀念品數事。

十一時赴軍委會謁委員長，報告下午會商發表新聞標準，並請示要點，談話十分鐘辭出。

十二時十五分偕允默赴廣東酒店應力子先生夫婦之約，為毛慶祥君訂婚祝成功也。到者張文伯、張九如夫婦、曾友豪夫人、楊濟民賓主十二人，飲蛇膽酒，二時許盡歡而散。三時赴楚傖寓所，會商發表新聞之標準。到蕭、方、彭、崔及王子壯諸君，商定辦法五項，擬發電二則。五時卅分歸寓，擬訪滄波，以電話往詢，知未歸，遂不果往。滄波近日大做社評，有太激越處，恐招不諒，擬規勸之。夜舉行防空演習，自八時十分至九時完畢。關于燈火管制，似不及杭市認真。整理書籍函件，直至十一時卅分完畢。

11 月 29 日

九時起。發泉兒、皋兒、細兒各一函。

閱中央日報及朝報，均有極激昂之社論。華北危急至此，新聞界自難常此緘默。唯中央正在積極籌策之際，中央日報遽一變其向來之沉寂態度，各報藉此窺測，似非善處危局之道。遂于十時後赴五台山訪公弢，詳談一切，託

其轉告滄波，立論應有限度，即朝報亦應慎重。談至十一
時始別。

往考試院訪陳伯稼秘書，詢季陶何日回京。知無確
期，即在彼發一電至滬，請其早歸。

述庭伉儷約午餐，偕允默、兩兒赴益州飯店，繩先
夫婦亦在座，二時餐畢，允默先歸。余及滄波同至莫干路
十八號談中央日報言論之方針，力勸滄波屏絕偏宕之論
鋒，四時歸寓，覺心緒惡劣，精神不寧，亦無心作事，蓋
數日來神經又呈衰弱之象矣。六時往軍校，謁委員長，以
長途電話與鐵城談，託其面邀季陶即日返京。夜繼續舉行
防空演習，八時開始，九時畢。十一時就寢。

11 月 30 日

八時卅分起。

九時防空演習開始。在鼓樓附近有擲彈實擊，燬假
屋一所，至十時十五分解除警報。

連日精神不佳，請楊醫官到家，注射葆生水及愛魯
康各一針。十一時張子羽兄偕貢華、毓九、晶齋三君來詢
談時局，告以大概，談約二十分鐘去。十一時卅分赴安樂
酒店熊慕顏君，談川事，以一中全會之中樞政局，兼及華
北情形。熊君明日將去滬，故往話別。

午後小睡一小時，鄒海濱先生來訪，提出意見十
項，除積極對外及中樞改造外，其餘皆為人事問題，向蔣
先生有所要求。余不欲參加意見，允為轉達，但心中非常

不快。以為天下最苦之人莫過于有權可以給人一些什麼的人，而天下最舒服的人，乃是昂頭天外，可以伸手向人家要求什麼之人也（趁火打劫，有挾而求，則又當別論矣）。對付此等人之辦法，唯有請君入甕，使之易位而處，俾不復得站在圈子以外，以客位自居，而也要嘗嘗「被人家揍逼，被人家責罵，還要忍氣吞聲來敷衍人家」之痛苦。但自民國十六年以來，更迭下上亦既多矣。忽而參加中樞，不負責任而去，忽而倦於反對，又思不負責任而來，最醜劣之局面無過於民國二十一年之春，然而當時拂袖離京，置國家於孤注一擲之政治家，至今仍靦然列中樞要地，而不知愧也。此負責者所以終不能將國事整理之總原因歟。在政治舞台靜觀若干年，大抵皆「只見和尚吃饅頭，沒看見和尚受戒」之垂涎者流，苟知為僧必須受戒，此次中委選舉，當亦不致光怪陸離，有此現象。至如余者，明知做了和尚必須受戒，且自知這一副皮肉是禁不起灼熱的香來燃燒，但亦于不知不覺間被動的剃度了，做一名啼笑皆不由己之香燈侍者，真不知前生作了什麼孽，乃蒙此不白之大冤也。四時溯中來談，六時到戴宅訪陳伯稼，發電一通，請季陶回京。此亦盡人事而已，固知有恆將沒收而不達也。七時往軍校晚餐。海濱、楚傖、果夫、季寬同席，雲陔、君佩復至。九時歸寓。十二時寢。

12月1日　星期日　陰

八時卅分起。學素擬歸里省親，決定令其今日動身。皓兒來家，傍晚回校。十時請楊醫官來寓注射葆生水。十一時伯鷹、兀退兩君來訪，余適外出，遇於牯嶺路口，停車略談數語而別。至佛海家小坐，與滄波、佛海等談中樞政局，十二時歸寓，為湘人唐君寫字，蕭乃華君所託也。讀佛海所著精神建設與民族復興。

今日委員長赴宜興、鄱陽間之某鎮，對大演習之軍官訓話，深晚始回京。

午後覺心緒煩亂，偕允默趨車赴雞鳴寺，登豁蒙樓閒眺，在觀音座前挈得一籤。詞曰：

虛空結起吉人安，保得人安愿未還。

得免忘筌真險巇，敢將初誓漫輕忘。

順道過佛海家小坐歸。

六時赴城佐營三山里枕琴先生家晚餐，同座皆浙省府舊同事及軍需署人員，為魯山洗塵也。七時卅分至慎予家，力子夫婦及公弢、凌伯均在彼，十一時卅分偕允默同歸。十二時寢。

12月2日　星期一　晴

八時起。

函陳伯稼秘書，託其轉發季陶一電。

今日第五屆中央第一次全體會議（一中全會），舉行開會式，八時五十分往中央黨部參加，先舉行紀念週及

開會禮，吳稚暉先生主席。十時開預備會，于先生主席，
通過主席團及秘書長（葉）人選，決定會期三日至五日，
十一時散會。與謝作民君同車歸。核辦文電六件。摘呈日
文報紙消息九條，皆關於華北自治運動者。

　　午後復恒、滄波來談良久，余對滄波近日所作社評，
頗以為有失中央日報之立場，正言規之。滄波亦願接受。
因此可見人之相處重在感情，倘此言出之他人，知滄波將
不免怫然矣。貢華來談，囑其研究國民大會之組織法與選
舉法，五時赴雞鵝巷五十號訪雨農，談卅分鐘歸。

　　八時赴軍校，見委員長。楚傖、公博、有壬、暢卿
均在彼，九時卅分歸。訪力公未遇。十一時卅分寢。

12月3日　星期二　陰寒

　　七時五十分起。

　　至軍校官邸一轉，回寓辦文電數件。九時赴中央黨
部，出席一中全會第一次會議，討論國民大會召集日期
等，厲生、佛海、正綱、自明、寒操、浩徐、道藩等均有
發言，暢卿亦有所陳說。結果決定由主席團綜合各人意
見，再提大會決定。十一時散會。與狄君武兄等談話久
之。十二時始回寓。開先、陸東有兩提案，邀余連署，勉
從之。

　　午立兄來訪，談今後中央之組織及進行方針等，余
以前月日記最末頁所書雜感示之，彼但點首微笑而已。午
後伯鷹來談，此君於余頗惓惓不忘。

今日神思極不快，枯坐覺蟄悶異常，天色陰沉，助人悒鬱，且覺胃腸作痛。

夜八時應召往官邸，奉命夜車赴滬訪戴，十時再往請示，十一時乘車去滬。

12月4日　星期三　陰寒

七時起床。盥洗甫畢，車已到站，即雇車回福康里。吟兄等尚未起床，趙甥迎於門首，訝余何能抽暇來滬。晚兄尚未赴館，詢余時局甚詳。九時十五分赴愛文義路覺園十七組號季陶先生，彼處地點僻靜，景物清幽，頗宜於念佛人居住。扣門久之，通刺後邀余入內。余具道來意，請其即日回京，或在郊外暫住。彼謂連日神經牽掣作痛，竟夜失眠，實不能到京。言之再四，無法堅勸。戴夫人亦出見，託予婉陳介公，請其諒解，遂詢季陶對中樞此後組織之意見。十一時醫生來，乃辭出，至商務印書館訪張君叔良，十二時歸寓。午餐胃痛頗劇，飯後小睡二小時，啟煦來談。四時卅分苓西哥、次行弟來訪。六時偕往大陸商場正興館吃寧波飯，彬史、方之諸兄來會餐，六弟亦來。餐後到彬史家小坐，伯楨先生來談，至十時回寓一轉，即赴車站，乘十一時車回京。一時卅分入睡。

12月5日　星期四　晴

六時卅分醒，七時到下關站，亦僑以車來接，遂進城回寓。

　　七時五十分去軍校官邸見委員長，先在客室與楚傖、果夫二君談，旋即將在滬見戴先生情形向委員長報告，並陳述所見。八時卅分退出，奉命覆閻百川一函，交黃參議臚初帶去。請楊醫官註冊葆生水一針。十時回寓。

　　中午志希約老萬全晚餐，余以胃蒂作痛未已，不敢多食，函謝之。

　　午後小睡。三時赴中央黨部，出席第三次會議，通過政治組、經濟組等報告七件。例會畢後，滄波、公展等提請保護愛國輿論案（為大公報被扣事），各委員連續發言，溥泉先生登台演說，涉及整個外交，全場緊張異常。六時十分始散會。宗良夫婦約晚餐，偕允默往赴之。到葉、邵、趙、潘夫婦。七時至軍校晚餐。于、居、孫、吳、孔、葉、邵、林諸委員均到，談至十時卅分，與力子先生同車歸。十一時卅分寢。

12 月 6 日　星期五　晴

　　八時卅分起。

　　馬市長招飲於市府，亦以胃疾辭。

　　以昨晚談話太遲，且聞有將任余為中政會副秘書長消息，心甚繁亂。余自審作一秘書，承命為例行工作，必勤必慎，則優為之，若責以周旋肆應，綜攬會務，則個性絕非所近。數年來浮沉人海，唯賴心無希冀，得免他人之忌。今必強之居繁要之地，幾何其不公私兩毀乎。念之殊為悒悒。子羽來談此後工作，擬向邊務方面努力。鶴皋來

訪，彼今日自滬來，談滬上商工業近況。佛海偕其夫人
來，午飯後去。阿樂周旋兩家父母之間，勉學純謹，又想
博人歡心，又力自避忌，稚態殊可笑。午後三時赴中央黨
部，出席第四次會議，討論中央組織案。六時始散。

七時赴軍校，知委員長赴湯山，今夜不歸官邸。作兩
函，專人寄去。回家晚餐後往首都飯店訪劉紀文夫婦。未
幾道藩及其法國太太來，九時赴中央飯店，訪鶴皋不遇，
遂歸。十一時寢。

12月7日　星期六　晴

九時許起。

十時往中央黨部出席第五次會議，通過黨務進行辦法
大綱，選定中央常務委員九人，中政會委員二十五人，中
常會胡為主席，中政會汪為主席，均以蔣先生為副主席。
國府林主席聯任至國民大會開會總統選出之日為止。屬生
繼任組織部，佛海任訓練部，中政會議正、副秘書長，顧
孟餘正秘書長，而以余副之。昨晚專函辭謝，竟不發生效
力。今日在大會又不便單獨言辭，任務日重，孱軀如故，
念之殊為惴惴。會畢後偕佛海回寓，談商久久，終不得擺
脫之法。正午赴居宅會餐，海濱、汝為、蘆隱、雲陔諸君
作主人。餐畢至滄波家，伯誠、鶴皋、价人諸君均在。未
幾力子夫婦來，圍坐談話，至五時許始歸。夜八時赴軍校
官邸，謁蔣先生，對中政會事，仍擬懇辭，未獲允許。
十一時到車站送岳軍行，十二時就寢。

12月8日　星期日　陰雨、寒

九時起。

希豪兩次來訪未遇。

旡退來訪，談日本近事，並商彼工作情形。昨晚貢華來談，亦及五組存廢事。蓋蔣先生有留京之趨勢，則侍從室自亦不能不酌量改組也。

十時卅分頌皋、復恒兩兄來談今後外交之方針，十一時偕兩君同游雞鳴寺啜茗閒眺，心胸稍寬。正午趨車至中華門外馬祥興回教館午餐。二時許進城，閱中央政治會議規程等件。允默等往遊城外燕子磯等處，午前去，此時方歸。

毓九、彝鼎兩君來談，亦為五組善後及自身工作事，蓋均不免有升擢之想。

公弢約去其家，謂鶴皋在彼相候，往談一小時而歸。七時往陸東家晚餐，坐中有希豪、榮甫、武棨諸君，吃台州菜。餐畢，送希豪至中央飯店，略談而歸。摘呈報告一件。十一時卅分寢。

12月9日　星期一　陰雨、微雪

八時卅分起。

九時卅分赴中央黨部，應葉楚傖先生之約，商本週常會及政會開會應準備各事。囑余先行草擬中央政治委員會組織條例，遂至政治會議秘書處，與朱雲光秘書商酌條文，十一時卅分大致完畢。接軍校電話，即至蔣先生處商

定開會日期，並有所報告，一時回寓。招楊濟民君來寓施行注射，因連日過勞，多用思慮，大感疲倦也。

假寐不及一刻鐘，客來即醒。商務印書館京分銷經理王君來訪，簽定日記付款單交之。

接滄波函即覆。以長途電話約請潘更生兄即晚來滬，擬與商量政會各事。

佛兄來訪，談民眾運動訓練部事。五時去政治會議小坐，雲光已擬就秘書處規程草案。

夜八時蔣先生約楚傖及余與立夫往官邸談話，楚傖即晚去滬。十一時寢。

12月10日　星期二　晴

七時起。

處理私人函札交際等事十餘件，蓋數日來積疊之件多矣。

九時赴中央黨部，參加各部會條例修改委員會，通過中政會組織條例及中央各計劃委員會組織通行等，十二時散會。

午後小睡四十分鐘。貢華來談五組同人之希望及今後工作。天放來辭行，彼將于三日內赴滬，二十五日出國赴駐德大使任。三時再去中央黨部，繼續午前之會，至七時完畢，即至軍委會蔣先生官邸晚餐。于、孫兩院長及馮煥章先生同席，談行政院組織及華北時局解決辦法。晚飯後公權、養甫、暢卿先後來，九時許去。向蔣先生報告今

日中央黨部會議情形，十時歸。恩克巴圖、厄瑪鄂特索爾、樂景濤、吳鶴齡四君來訪，略談即去。十一時卅分寢。

12 月 11 日　星期三　陰寒

八時卅分起。

驪先來寓詳談，即將交卸部務。身體大感疲勞，擬暫不就任何職務。並談三年來整理交通之種種困難，對俞樵峯極稱其細心而幹敏。余與之酬對，殊覺勉強，因神經漲痛異常，實覺不能支持也。十時卅分客去，因中央黨部今日續有審查會，不得不往，乃於十一時後強起赴之。與果夫談內政部事，與楚傖談中政會事及專門委員事，一時始歸寓，午餐僅食少許，即不私食。

午後三時招中政會朱秘書雲光來寓，商定秘書處組織規程草案及明日會議日程。

復恒來訪，謂醒亞寓首都飯店，極思與余一晤。又李幼椿來電話約談，余今日腦痛殊劇，實不能再出外訪友矣。

夜八時，覺嘔吐發冷，腦部漲痛，本擬往謁蔣先生，以此中止。九時許就寢。

12 月 12 日　星期四　陰寒

七時四十分起，頭腦仍覺昏暈，以今日須開會，不能不強起支持。

滄波來談二十分鐘去。彼甫自滬歸，謂就各方所聞，似對中樞更張不十分滿意。此亦見仁見智之說也。

八時到中央黨部政治會議秘書處。常會今日開第一次會議，未往列席。

十時中政會開第一次會議，到委員十餘人及當然出席者若干人。通過規程二種及行政院各部會署長官人選，並推定各專門委員會主任委員。

法制：李文範，財政：徐　堪，內政：陳公博，

外交：王正廷，教育：經亨頤，經濟：宋子文，

交通：朱家驊，國防：程　潛，土地：陳果夫。

蔣副主席報告外交方針，十二時十五分散會。

回寓後又感嘔吐發冷，神經激痛不寧，胃腸呆滯，不思食飯，頗思留函請假歸杭休息，友人均竭力勸阻，以為只宜在都靜養也。董霖來訪，略談即去。午後去佛海處，談個人出處，佛海亦不以余假歸為然。又至力子家與其夫人略談歸。勉強之飯一盂。八時卅分即就寢。

12月13日　星期五　晴

六時起。

述庭來訪未晤談。

昨晚雖睡足八小時，但竟夜多惡夢，心思煩亂不寧。今晨雖強起，精神疲倦已極，一聞電話聲及電鈴聲，輒覺心跳不已。靜坐一小時，始稍覺鎮靜。

向午又覺體中發冷，手顫腦暈，心思極度煩躁。午飯時勉強到餐室，對食欲嘔。急上樓休息。念近日中樞改組之際，人事必極紛繁，余精神散亂如此，若勉強留京，

必致疲於應付，而心病勢必加劇。與其公私兩誤，不如暫時請假。遂決意向蔣先生陳明實情，請假一月，四時作函一緘命學素賚至軍校，託汪秘書轉呈。六時卅分學素偕汪秘書來，得蔣先生覆函，准假一個月。汪秘書言，蔣先生接閱余函，歎唱不已云。撰啟事及新聞稿，託滄波攜去發表。夜九時勉強外出，訪楚傖接洽中政會職務代理事不得要領。冒寒歸，疲甚遂寢。

12 月 14 日　星期六　晴

十時起。決定今日午後五時車去滬。

整理積壓函件及關於公務各件。稍一用心，即感頭痛，時作時輟，至午猶未及三分之一，恐精神不支，遂中止。午飯時食麵包三片，不敢多食。

午後小睡一小時即起，繼續整理行篋，致友人覆函五、六緘。將中政會專門委員人選參考件送狄君武兄，並函託其商承葉楚傖先生代為照料中政會秘書處事務。臨行留函一緘致佛海，告行蹤，並託其將京中近事隨時見告。偌大首都除力公及佛海兄外，竟無真切知余者。處世之拙如此，自思可慨甚矣。四時四十五分離寓至車站，允默及兩兒偕行，學素、亦僑送至車站。五時車開，回首都門，惘惘無盡，此行情緒與二十年冬離京時又不相同矣。十一時二十分抵上海北站，即雇車回福康里與吟兄等談近況，十二時卅五分寢。

12月15日　星期日　陰寒

九時卅分起。

昨晚睡尚安，但今晨神思仍不爽健，胃蒂之痛亦未癒。

昨梅兄以今日星期無公務在家休息，詢余京中近情，並問近來身體所苦，頗主張余即此脫離政界，別就一清閒之事，此固余之所願，然亦安可得也。叔眉來訪吟兄，余適睡，未晤談。

午後秋陽來談約一小時，自謂在成都時不應輕易言辭，乞余念其前勞，勿加責備。余告以凡人無論就何職業，應忖度個性所宜，若置身政界，即應置個人利害安危於不顧，我等均非其倫，君亦不必介介也。秋陽去後小睡一小時；比醒，次行弟來談，晚飯後次行去，九時六弟來談，郵政檢查所近狀極複雜，彼近來仍以大部分時間為新聞檢查所服務，俟郵檢所與市政府關係確定後，即謀脫離。余觀六弟年來沉著穩練，大有進步，余及四弟均不及他。十一時寢。

12月16日　星期一　陰寒

九時起。

竟日在寓靜養未外出，自覺胃腸稍復健全，而腦筋刺痛仍未全癒，僅心思稍閒靜，不如在京時之雜念紛如，汲汲顧影耳。

午後聞允默等談，婉卿姪女近來心性日趨怪僻，不聽家人勸告，與前判若兩人。余以為人之性情，與其境遇

有密切之關係。境遇不佳者，一切事皆從悲觀方面著想，自以為舉世應同情於我，且應不辭一切以遷就我。實行世事紛紜，他人亦有他人之環境，何能屏除一切以相遷就。於是此心情孤僻者，遂成淒涼孤單而不可自抑矣。及既養成孤僻之習性，則對人之體諒愈減，對己之悒鬱日深，久而久之，將使最親近者亦憎與之接近。而此人之生涯遂葬送於咨嗟悲歎之中。世上類此者正多，唯心胸曠達者能免於悲劇也。夜十時卅分就寢。

12 月 17 日　星期二　陰、下午轉晴

晨八時卅分起。八妹來視予疾，兼談家務。

讀建國月刊社出版之愛國教育。日人白土千秋所著。

返滬休養已三日，每睡必夢，每夢必有極複雜繁難之問題待余解決，醒而追索，乃絕對未嘗有此事。自知此種症候完全由於憂思太過之故。自民國十六年以來，余之所患即在此心太不空閒，無事時憂有事，有事時慮其事之惡化或擴大，甚至某事略有朕兆，而余已覺其事必演成不可收拾之景象。大哥昔日評余所患者為「怯病」。年來確勉自克制，而痼習已深，終不克完全滌除。讀書數十年修養工夫之缺乏如此，可歎可愧。

午後秋陽復來談，所以慰余者甚至，然彼安能知余心之所苦，無非言愁益愁耳。

夜苓西兄來寓視余，長談久之，十時許辭去。十一時寢。

12月18日　星期三　晴

八時許樂兒來喚，遂起。以今日為何氏姨生日，明、樂二人謀所以慶祝姨母之壽，昨晚兩人相商，今晨必呼余早起也。

午前覺精神尚爽，但雜念無法排遣，讀宋人詩集約二小時，心始曠適。

午十二時偕吟兄伉儷及允默攜兩兒至九江路同華樓午餐，並約晚兄來同餐。食青魚及首蓿苗甚美。餐畢，攜樂兒遊望平街，棋盤街至合眾公司視芝芳兄，彼方患痰疾，臥床休養。已而允默亦攜明兒來，談約一小時，雇車同歸。購碧螺春茶葉，歸而烹食之，味不甚佳，蓋非今年新品也。七時芩西兄約余晚餐，並觀劇。感其殷懃之意，偕次行弟往赴之。先至致美樓食羊肉，九時至黃金舞台觀譚富英演連營寨，程硯秋、俞振飛、金少山演紅拂傳。直至一時許始回家，與允默略談，遂寢。

12月19日　星期四　晴

九時許起。

接望兄自杭寄書，附來更生兄一函，知彼聞京中消息頗多誤會，擬辭京事不就。即以電話約玉書談話，便詢所聞真相，玉書適不在所，遂未往晤。

讀宋人詩自遣，欲使閒思雜慮得以自然消釋。

午後士剛來談，彼甫自家鄉來，言吾邑情形安謐，初中擬就慈湖舊院舍添建教室宿舍，且擬明年興修邑志。慈

湖濱深工作，今冬以徵工進行云。四時威博來談效實近況及彼擬退休之計劃，自謂種桐四千株，粗衣蔬食，足以為生，再過五年，即將歸隱，不復作事矣。六時威博去，秉琳自福州來，視余疾，並攜劉生研齋一函，託余進行浙公路局事。余以黃季寬主席處人才濟濟，即推薦未必有效，即覆一函婉卻其請。接學素、果夫各一函。十一時就寢。

12月20日　星期五　陰有霧

八時起。

九時更生來談，面辭中政會秘書職務。

竟日在寓休息未外出，讀洪江北卷施閣甲乙集。

自念數年來所更歷之事，對余之志趣無一吻合、表面上雖強自支持，而實際無一事發於自己之志願。牽於情感，俯仰因人。既不能逃世長往，又不能自伸己意。至于體認事理，則不肯含胡，對於責任又過分重視。體弱志強心羸力絀。積種種矛盾痛苦之煎迫，自民十六年至今，煩紆抑鬱，無日而舒，瀕於狂者屢矣。每念人生唯狂易之疾為最不幸，故常於疾發之際，強自克制，俾心性得以調和。亦賴友朋相諒，遇繁憂錯亂之時，往往許以休息，然內心痛苦，則與日俱深。頗思就所經歷摹寫心理變遷之階段，詳其曲折，敘其因由，名曰「將狂」，作雜感式之紀述，或亦足供研究心理變態者之參考也。六弟婦挈霸兒姪來寓，傍晚去。夜寒甚，沽酒小酌，十時就寢。

12月21日　星期六　陰雨

八時卅分起。

滬居一星期，鬱鬱不樂，念湖上諸兄弟久不相見，決於今日赴杭州一行。

作致學素一緘，告近日病狀，並囑其轉告楚傖、君武諸君，以不能即日回京之原因。並附去覆果夫一函，詳述離京時之病象，及希望擺脫中政會職務之殷切，如許以辭去中政會秘書長職務，願竭心力專任蔣先生之侍從，請彼設法轉陳。

為馬幼漁先生之子節作函介紹於天放大使，請到德後證明，送入德國大學。

三時偕允默挈男女僕各一人乘滬杭特快通車赴杭，車中閱更生齋詩文集。

七時抵杭站，適微雨，雇車返小蓮莊，叩門久之，澤永甥出應，盥沐進小食後即去六桂坊訪大哥。旋貞柯來談，知浙大學生為時事問題遊行請願，罷課已二日云。十一時回寓寢。

12月22日　星期日　晴

八時許起。紅日滿室，湖光照眼，徙倚久之，心胸為之曠怡。

九時，大哥借得汽車來約余出遊。黎叔、子翰、貞柯、酉生諸兄來談，酉生為其友證婚，小坐即去。十時二十分偕大哥、黎叔、子翰、貞柯、祖望、允默分乘兩車

往游雲棲，步行竹徑中，幽翠寂靜，別有一種荒寒落寞之
景象。入寺隨眾同觀雲棲寺之所謂墨寶。午餐食山僧所備
之蔬齋，飯後出寺，擬游虎跑寺，途遇四弟夫婦，邀與共
載至虎跑小坐。在山門前合攝一影。過汪莊之門，轉入小
憩，遂歸寓。泉、皋兩兒及細兒、積鎧均在寓，四弟夫婦
並遣車接迨、遴兩姪及約兒姪女來團坐晚餐，食火鍋。飯
後細兒、積鎧回校，與四弟夫婦及望兒、永甥及諸兒諸
姪回爐談家常，徇諸幼姪請談我家故事，均靜坐傾聽似
感極濃厚之興味。十時餘始散。仲未、子翰等均來談。
十二時就寢。

12 月 23 日　星期一　晴

晨七時卅分醒，覺頭仍微暈，再睡至九時卅分起。
任天來訪未晤。

嵇季菊君來訪，詢余病狀甚詳。謂余此次之病，非本
病有所增加，乃胃腸之新病與神經系統之舊疾，同時迸發，
故精神不支，且恢復緩也，力勸延長假期，勿遽回京。

張君勸來訪，午仲姪來寓，就余詳談貞社近況。謂
開支不能樽節，恐後難為繼。所言殊切實近理。仲姪天資
本高，對世事人情之練達，似在四弟之上。然年來索居緘
默，今日與余長談，蓋三、四年來第一次也。彼現時喜閱
佛經，好習字，日日為之云。

午後無事小睡一小時餘。夢中所見仍為京中紛紜之
象，知精神狀態未復健全。

遲兒來寓，謂浙大學生代表擬來見余，述彼等希望，
余病中不見客，囑其赴校辭卻之。仲眉自滬來訪攜交履歷
片談半小時去。夜黎叔來談良久去。飲愈瘋酒一小杯。
十一時寢。

12月24日　星期二　陰寒、晚下雪

九時起。

接學素自京中來函，報告京中近事及中政會秘書處
進行狀況。最可怪者，謂會中同人，紛紛相告，皆信余將
以潘更生為主任秘書，在事者咸覺不安云，真可笑之至。

貞柯夫人來寓訪允默，兼問余病。談及東新屋姻親
之近狀，皆凋零流散，故里僅孤寡存耳，使余回憶童年情
景，悵念無已。

陳紹虞君（言，民廳秘書主任）擬來訪談，以病中
謝客，辭之。紹虞商報舊友也。

假歸已將旬日，神經疲弱之狀仍未恢復，一時實難
回京。念臨行時楚傖半月為期之約，恐不克實踐，即發一
電致蔣先生報告病狀，擬再休養十日。

竟日未出外，在家讀書。午後四弟貞柯先後來談，
貞柯九時始去。夜十一時卅分寢。

12月25日　星期三　雪

九時起。大雪飄飛，湖山益增靜美，白光映眼，閒
坐讀書，此境不可多得也。

昨晚睡眠較佳，雖仍多夢，然所夢者已不如旬日來之每夢必與政局或職務有關之事項，知幽居攝養漸已收效矣。

曉滄來談浙大學朝仍僵持，無法解決，學生惶惑無主，教授意見不一，校長避匿市內，揚言離杭，教部無切實解決辦法。彼意不能以浙大徇任遠一人，詢余中央對任遠是否必欲保障到底。余以任遠來浙，當時吾輩均為贊成者，不料其徑行孤往，使優良教授連袂引去，就個人言，決無再與支持之理。唯繼任實難其選，不得不靜觀其後，徐謀易人耳。

午後往六桂坊視大哥，適叔眉自滬來，四時後貞柯、黎叔、祖望等均來會，相與盤桓至夜十時始回寓。得蔣先生覆電，囑靜心調養，早日返京。夜飲酒，十一時寢。

12 月 26 日　星期四　雪止、陰雨

九時起。

滬報載唐有壬在滬寓被狙擊，中三槍殞命，時代之犧牲者又多一個。

仲姪再來談，攜履歷片三紙，囑余向新任財廳長程遠帆介紹職務，遠帆壬子級同學也。

接晏匋樵兄來電，言奉調西北總部參謀長，所遺侍從室一處主任職務由錢慕尹兄繼任，本日交替後即赴西安。匋樵諳練世務，勤于治事，一年以來，與余相處頗復融洽，今當分別，亦為黯然。

午四弟攜第三姪思佛過余寓午餐。思佛五歲，稚態
可掬，余戲攬于懷，彼呼余為大哥，一座皆笑。詢以識二
伯父乎，則周視尋覓，蓋誤以余為遲兒也

午後，嚴紹組（陵孫）君來訪，約同赴六桂坊談敘。
晚餐由嚴君為東道主，食火膧煮雞甚美。為叔眉致徐聖禪
君書，十時自大哥處借得制言二冊歸。飲酒，十二時寢。

12月27日　星期五　陰雨

九時起。

天容灰墨，微雨不斷，未能出遊，在家讀書而已。

午後大哥家又以車來迎，余無心談讌，遂亦未往。
此次歸來，頗耽岑寂，大哥家賓客常滿坐，往談太頻，亦
覺無意味也。

讀更生齋卷葹閣詩文集十餘卷，又南北史樂府兩卷。
自廿三日起，暇輒讀之，今日始將全集畢業。如洪君者，
洵可謂讀萬卷書，行萬里路，而優游晚歲，賓禮無衰，身
後之名傳之奕葉，在清代文人中，亦可謂遭際獨厚者矣。

允默以杭寓結束在即，午後出外歷訪戚友，傍晚始歸。

夜圍爐讀國木田獨步小說集。十一時寢。

12月28日　星期六　陰雨

九時起。

連日靜養，腦中雜慮漸消，不復有繁思繚繞，惜假
期將滿，不能久留耳。

讀歐陽竟無先生（漸）所輯「詞品甲」，所採多悲壯激越之調，凡四十調百首，皆學校絕好歌詞也。德祐太學生二詞，尤悲婉。

傍晚紹棣來談，七時許去。

夜覺齒痛，且有微熱，八時卅分即就睡。酉生來訪，未晤談也。

12 月 29 日　星期日　陰雨

晨八時起。昨晚酣睡九小時以上，齒痛頗瘥，精神亦佳。

九時憐兒、過兒、細兒、邁兒先後回家，午後遲兒亦來。未幾九妹亦自藝專歸，敘談一室，覺諸兒對處世作人均較前有進步，中心滋慰。

方青儒君過訪，詢余中樞情形，蓋談浙省政治與浙大學潮，談約一小時去。

接學素來書，報告京中近況，並轉達委員長手諭，規定會談時間：

　　（一）星期二（四至五時）行政院財、實、交、鐵、
　　　　　外各部長等會談。

　　（二）星期三（四至五）中央秘書長各部長會談。

　　（三）星期四（十至十二時）軍事會報。

邁兒攜紙為其級任教師謝伯容索書，為寫一長條贈之。又書長幅贈邵偉真女士。

夜貞柯、黎叔來余家晚餐，貞柯夫人貽余蒸雞一鍋，

味極脹美，二君談至九時後去。檢案上書無可讀者，閱滇
繫四卷。十二時寢。

12月30日　星期一　陰

九時起。

齒痛仍未全痊，天氣陰黯，神思至不快。

讀制言二冊，頗似二十五年前讀鄧秋枚所編之國粹
學報也。制言載黃季剛遺文甚多。余於黃君早歲文字，雖
聞君木師屢贊其美，終以為生澀堆砌處太多，今制言所揭
諸作，則淵懿凝謐，可謂文從字順句率職者矣。

傍午四弟來談，留共午餐。午後三時許同出散步，
至岳忠武詞，入內略憩，仍循舊道歸。允默同往，天寒雲
低凍雀無聲，湖濱行路者只余等三人耳，荒疾中且行且談
別饒意趣。夜子翰來談，浙大學生前日到教廳請見李院長
事，大學生之暴戾如此，殊為一嘆。作致友人函四、五
件。十二時就睡。

12月31日　星期二　大雪

八時二十分起，向午大雪紛下如鵝掌，未一小時四
山皆白，天氣驟寒。

續作函札四件。接學素第三函。又接佛海函。

十一時卅分養甫來訪，一見即驚余之憔悴，詢何日
歸京，余答以五日後，養甫力言不可，謂：「君所患者非
他疾，乃神經衰疲之症，苟未恢復，而強勉任事，不數日

又病，病而又乞假休息，於公私均無補。吾輩固宜重視職務，然盡心調治，正所以為後來作事無間之準備也。我歸京必為力言於中樞諸公，君必宜再作三星期之休息」云。

十二時卅分應省黨部諸君約午餐于樓外樓，同座有養甫、青甫、孚川先生、及周至柔君。午後覺疲甚且頭痛，小睡一小時，以寒甚遂起。

余家近年祭祀用陽歷，今日歲陰，懸嗣考妣像，陳時物以祭焉。夜十一時寢。

養甫來談甚久，謂君之所患在於心思不能空澄，若身在假中，而心懸職事，猶似不休息也。吾輩今日宜留此身任煩劇之務，必須放得下，纔能拿得起。治神經病之道，尤以忘卻一切為最重要，因為余誦其最近在安南，在筑垣，所為詩，余始不知養甫亦能作韵語，聞其所述，乃知此君天賦卓絕，治身之外，尚有餘力為詩也，喜而錄之。

其一　次曹纕蘅寄羅郜子韵
　　　　桃李無言自作陰，雄風每遇輒披襟，
　　　　茫茫大地空前變，總總蒼生未長林；
　　　　射虎登山寧道遠，斬蛟入水不辭深，
　　　　一肩家國何曾重，濟困扶危仗此心。

其二　越南沙壩道中
　　　　沙壩驅車上，悠悠我所思，
　　　　無雲霧自雨，稀樹鳥爭棲；
　　　　屬國山河破，中原社稷微，
　　　　臨風東悵望，匡濟責安歸。

民國日記 03

陳布雷從政日記（1935）
The Official Diaries of Chen Pu-lei, 1935

原　　　著	陳布雷
總 編 輯	陳新林、呂芳上
執行編輯	林弘毅
封面設計	陳新林
排　　版	溫心忻、盤惠秦

出 版 者　　開源書局出版有限公司

香港金鐘夏慤道 18 號海富中心
1 座 26 樓 06 室
TEL：+852-35860995

民國歷史文化學社

10646 台北市大安區羅斯福路三段
37 號 7 樓之 1
TEL：+886-2-2369-6912
FAX：+886-2-2369-6990

銷 售 處　　源流成文化 股份有限公司

10646 台北市大安區羅斯福路三段
37 號 7 樓之 1
TEL：+886-2-2369-6912
FAX：+886-2-2369-6990

初版一刷	2019 年 8 月 25 日
定　　價	新台幣 350 元
	港　幣 90 元
	美　元 13 元
I S B N	978-988-8637-10-2
印　　刷	長達印刷有限公司

台北市西園路二段 50 巷 4 弄 21 號
TEL：+886-2-2304-0488